HISTOIRE

DES

VÉGÉTAUX FOSSILES.

II.

IMPRIMERIE DE E.-J. BAILLY
PLACE SORBONNE, 2.

HISTOIRE

DES

VÉGÉTAUX FOSSILES,

OU

RECHERCHES BOTANIQUES ET GÉOLOGIQUES

SUR LES VÉGÉTAUX RENFERMÉS DANS LES DIVERSES COUCHES DU GLOBE;

PAR M. ADOLPHE BRONGNIART,

MEMBRE DE L'INSTITUT, PROFESSEUR DE BOTANIQUE AU MUSÉUM D'HISTOIRE NATURELLE, MEMBRE DE LA SOCIÉTÉ PHILOMATIQUE ET DE LA SOCIÉTÉ ROYALE ET CENTRALE D'AGRICULTURE.

TOME DEUXIÈME.

A PARIS,

CROCHARD ET COMPie, LIBRAIRES-ÉDITEURS,

RUE ET PLACE DE L'ÉCOLE-DE-MÉDECINE, 13.

1837.

HISTOIRE

DES

VÉGÉTAUX FOSSILES.

LYCOPODIACÉES.

La famille des Lycopodiacées, qui n'occupe qu'un rang peu important dans la végétation actuelle de notre globe, paraît avoir joué un rôle si remarquable, lors de sa végétation primitive, qu'elle mérite de notre part un examen très attentif; ce n'est en effet que par une étude bien complète de son organisation que nous pourrons déterminer le degré d'affinité de divers végétaux de l'ancien monde avec les Lycopodiacées actuelles.

Le nombre des Lycopodiacées vivantes actuellement connues s'élève à environ 200 espèces (1); leur distribution géographique ne paraît pas différer de celle des Fougères, c'est-à-dire que le plus grand nombre d'entre elles croissent entre les tropiques, et particulièrement dans les îles de cette région. Ainsi, sur le nombre précédent, 140 au

(1) MM. Hooker et Greville, dans leur *Enumeratio filicum* (Botan. miscell., tom. 2, p. 360), en comptent 196, et il y a quelques espèces nouvelles à ajouter à celles qu'ils connaissaient.

moins sont propres à la zone intertropicale, et, sur ce dernier chiffre, les 3/5 environ croissent plus spécialement dans les îles de cette région; cette répartition, qui ne peut pas être indiquée avec plus de précision, faute de documens suffisans, est donc conforme, dans les points principaux, à celle des Fougères. Comme ces dernières, les Lycopodiacées paraissent se rencontrer dans les régions géographiques les plus différentes; mais quoiqu'on en retrouve quelques espèces jusque dans les parties les plus septentrionales de notre globe, ou vers la limite des neiges perpétuelles dans les montagnes, cependant ces stations sont exceptionnelles et ne s'appliquent qu'à bien peu d'espèces.

Presque toutes les plantes qui composent cette famille étaient autrefois réunies dans le genre *Lycopodium*, et la plupart des auteurs modernes les réunissent encore sous ce nom.

Cependant Palisot de Beauvois avait déjà tenté, il y a plus de vingt ans, de diviser le genre *Lycopodium* en plusieurs genres fondés en même temps sur la structure des genres de la fructification et sur leur disposition. Mais plusieurs de ces organes ne peuvent, d'après les principes généralement admis en botanique, être considérés que comme des sections souvent fort naturelles de ce grand genre.

Il en est cependant qui paraissent pouvoir être adoptées comme divisions génériques; car les caractères qui les distinguent sont puisés dans des modifications importantes des organes reproducteurs, et sont généralement d'accord avec un port tout spécial. Ainsi le grand genre *Lycopodium*, tel que l'admettent presque tous les botanistes, nous paraît pouvoir être divisé avec avantage en deux genres, les *Lycopodium* et les *Stachygynandrum* qui comprennent les trois genres, *Stachygynandrum*, *Diplostachium*, et *Selaginella* de Palisot de Beauvois.

A ces deux grandes divisions de l'ancien genre *Lycopodium* s'ajoutent les genres *Psilotum* et *Tmesipteris* qui sont généralement admis, et enfin le genre *Isoetes*, tantôt rapporté aux Marsileacées et tantôt aux Lycopodiacées, mais qui nous paraît avoir plus de rapports avec ces dernières.

Toutes les plantes de cette famille, à l'exception de l'*Isoetes*, genre anomal qui doit être examiné séparément, présentent des tiges alongées, le plus souvent très rameuses, se divisant tantôt par une dichotomie égale et symétrique, tantôt par une dichotomie inégale qui donne aux rameaux une apparence pinnée; cette ramification réellement dichotome de la tige des Lycopodiacées doit fixer notre attention; car elle nous paraît un des caractères les plus importans de cette famille, et un de ceux qu'on peut employer avec le plus d'avantage pour distinguer les végétaux qui en font partie, d'autres plantes analogues par leur aspect, quoiqu'appartenant à des familles très différentes.

Si on examine la manière dont se ramifie la tige des espèces de Lycopodes qui croissent en Europe et de celles, en petit nombre, que l'on cultive dans les serres, si enfin on cherche dans les herbiers des tiges de ces plantes qui commencent à se ramifier, on voit que jamais il ne se développe de rameaux latéraux et axillaires, que la ramification s'opère toujours à l'extrémité même de la partie de la tige déjà formée par la division du bourgeon terminal en deux bourgeons placés l'un à côté de l'autre et qui semblent égaux ou presque égaux entre eux dans cette première période de leur formation, aucun d'eux ne paraissant ni terminal ni latéral.

Dans un grand nombre d'espèces, ces deux bourgeons se développent également et forment deux branches d'une même grosseur, divergeant symétriquement du sommet de la tige principale; à quelque distance toutes deux donnent encore naissance à deux bourgeons terminaux égaux, juxtaposés et formés simultanément, qui s'alongent en deux rameaux semblables. Il en résulte que la tige se bifurque successivement et qu'elle est régulièrement dichotome sans qu'il y ait avortement d'aucune partie (voyez les planches 1 et 2); en outre tous ces rameaux successifs paraissent, dans les espèces dont la tige n'est pas rampante, placés dans un même plan.

Ce mode de ramification me paraît extrêmement rare parmi les plantes appartenant à d'autres classes du règne végétal, car toutes les plantes phanérogames qui offrent des tiges dichotomes doivent cette apparence ou à un rameau réellement latéral et secondaire qui a pris un accroissement égal au rameau principal, ou à deux rameaux latéraux opposés ou alternes et rapprochés qui se sont seuls développés, tandis que la tige principale s'est transformée en un simple pédoncule floral ou bien a subi un avortement complet.

Dans ces divers cas un des rameaux ou même tous les deux sont d'un ordre différent de la tige à laquelle ils font suite, et ils naissent de l'aisselle d'une feuille insérée sur cette tige. Dans les Lycopodiacées, au contraire, le développement est continu et la tige tout entière se divise en deux faisceaux, comme on le voit quelquefois parmi les plantes phanérogames, dans les tiges monstrueuses dites fasciées qui seules me paraissent offrir un mode de division analogue, malgré son irrégularité, à celui des Lycopodiacées.

Parmi ces dernières, ce mode de ramification tient à leur développement entièrement terminal, mode de développement que cette famille partage avec les Fougères et probablement avec quelques autres familles voisines, et qui devrait faire réserver à ce groupe de végétaux le nom très juste d'Acrogenes, appliqué par M. Lindley à toutes les Cryptogames et Agames.

Dans aucune de ces plantes il n'y a de changement dans les parties déjà développées autrement que par une continuation d'extension des tissus primitivement formés, qui permet souvent à la tige de s'alonger long-temps après sa première formation; dans aucune d'elles il n'y a habituellement de bourgeons axillaires, et par conséquent de rameaux latéraux (1). Les Rhizomes des Fougères, comme les tiges des Lycopodes, présentent cette dichotomie ou cette division terminale.

Mais cependant ce mode de division peut simuler des rameaux latéraux, et c'est ce qu'on voit dans un assez grand nombre de Lycopodiacées. Il suffit, en effet, que les deux rameaux ne soient pas de même dimension, quoique formés simultanément; le plus volumineux semblera continuer la tige principale, et le plus faible paraîtra

(1) Un petit nombre de Lycopodes, tels que les *Lyc. selago*, *lucidulum*, produisent des bourgeons latéraux, naissant sans ordre de l'aisselle de quelques feuilles. Mais ces bourgeons, si rares dans cette famille, restent toujours imparfaits, sous forme de sorte de bulbilles ou de gemmes, qui ne s'alongent jamais en véritables rameaux. Ceux du *Lyc. selago* ont déjà été bien figurés par M. Bischoff, et je représente ceux du *Lycop. lucidulum*. (Pl. 7, fig. 1.)

un rameau latéral: si cette inégalité de force et de grandeur a lieu alternativement et régulièrement, il en résultera une tige en apparence pinnée, dans laquelle les divisions des rameaux secondaires conserveront quelquefois seules l'apparence d'une dichotomie régulière.

C'est ce qu'on peut observer facilement sur les *Stachygynandrum* qui sont cultivés dans les serres, et ce qui a lieu également sur beaucoup de Lycopodes, quoiqu'on ne puisse les étudier qu'après leur développement dans les échantillons secs; ainsi, sur le *Stachygynandrum stoloniferum*, on voit l'extrémité de la tige, après s'être prolongée par l'extension de son bourgeon terminal unique, présenter sur ce sommet encore en état de développement deux bourgeons terminaux juxta-posés et égaux en apparence (Pl. 7, fig. 2). L'alongement de ces deux bourgeons produit deux rameaux qui restent quelque temps semblables, mais bientôt l'un de ces rameaux prend plus de force, il semble continuer la tige primitive et se bifurque de nouveau: des deux rameaux qui se forment, l'un se montre de même plus faible, mais il est dirigé du côté opposé au premier; la même chose se répétant à chaque bifurcation de la tige, il en résulte que la division la plus forte forme toujours une sorte d'axe ou de tige principale, et que les rameaux les plus faibles naissant alternativement des deux côtés de cette tige, forment des rameaux distiques et alternes qui eux-mêmes sont susceptibles de se ramifier ou par dichotomie égale et régulière, ou par dichotomie inégale et donnant lieu à des ramules pinniformes.

Quoique la formation par dichotomie de ces rameaux pinnés de certains Lycopodes soit moins facile à reconnaître lorsque la plante est arrivée à toute sa croissance qu'au moment où elle se développe, cependant il en reste toujours des indices qui ne permettent pas de se tromper et de les prendre pour de vrais rameaux pinnés.

1° Ces tiges, et surtout les rameaux secondaires, sont toujours plus ou moins sinueuses en zigzag, le rameau principal qui devient l'axe de la ramification s'infléchissant à l'origine de chaque rameau latéral, à peu près comme on l'observe fréquemment dans les tiges des plantes phanérogames à inflorescence oppositifoliée, où des rameaux latéraux se transforment en tige principale;

2° Les dernières divisions des rameaux sont presque toujours évidemment dichotomes ou également bifurquées;

3° Enfin, lorsque les feuilles forment des séries nombreuses sur la tige, on voit une partie des séries se continuer sur la partie externe d'un des rameaux, et une autre partie sur l'autre rameau, de nouvelles séries se formant dans la partie qui correspond à l'aisselle ou à l'angle de réunion des deux rameaux (Voy. Pl. 7, fig. 5). Il y a, en un mot, véritable bifurcation de la tige ou du rameau, ce qui n'a pas lieu dans les autres végétaux, et surtout dans ceux tels que les Conifères qu'on peut, à l'état fossile, confondre le plus facilement avec les Lycopodiacées. Si les feuilles sont peu nombreuses, si elles sont opposées, par exemple, comme on le voit dans la plupart des *Stachygynandrum*, on peut s'assurer que le rameau en apparence latéral ne peut être axillaire par rapport à aucune feuille de la tige à laquelle il fait suite; car il correspond à l'intervalle de deux séries de feuilles et non à l'une d'elles; ainsi sur ces plantes, il y a deux séries de grandes feuilles insérées alternativement sur un des côtés de la tige, et du côté opposé il y a deux séries de petites feuilles qu'on a quelquefois nommées à tort des stipules, qui sont opposées aux grandes feuilles, exactement comme les feuilles inégales, quoique opposées, du *Ruellia anisophylla*. Or les rameaux distiques et alternes parfaitement réguliers de ces plantes ne sont pas placés dans le plan de deux de ces quatre séries de feuilles, mais correspondent aux côtés de la tige qui séparent les grandes feuilles des petites (Pl. 7, fig. 3).

Il suffit, pour faire ressortir l'importance de cette différence dans la position des rameaux par rapport aux feuilles, de comparer ces Lycopodiacées avec les Thuya parmi les Conifères, dont les rameaux ont une disposition générale en apparence très analogue et qui portent des feuilles également opposées et décussées. Dans ces plantes, les rameaux latéraux distiques sont également alternes quoique les feuilles soient opposées, parce qu'il n'y a jamais qu'un rameau de développé par paire de feuilles, et qu'il n'y a que de deux en deux paires de feuilles que ces rameaux se forment; mais ces rameaux distiques, au lieu de correspondre à l'intervalle de deux séries de feuilles, naissent toujours à l'aisselle d'une feuille, et le plan général des rameaux distiques correspond par conséquent aux deux séries de feuilles latérales, tandis que les deux autres séries de feuilles sont l'une antérieure et l'autre postérieure. La comparaison des figures 3 et 4, Pl. 7, rendra la différence de ces deux modes de ramification très facile à saisir. Dans les végétaux phanérogames la ramification est nécessairement en rapport avec la disposition des feuilles à l'aisselle desquelles se développent les rameaux; dans les Lycopodiacées et les Fougères elle est indépendante de la position de ces organes et consiste en un véritable dédoublement de la tige.

Nous avons dû insister sur les différences dans le mode de ramification des tiges qui séparent les Lycopodiacées de la plupart des végétaux; car ces caractères seront quelquefois presque les seuls auxquels nous pourrons avoir recours pour reconnaître la place que doivent occuper dans le règne végétal des tiges de végétaux fossiles.

Quoique les tiges des Lycopodiacées se ramifient toujours par bifurcation du bourgeon terminal, cependant l'égalité ou l'inégalité des rameaux qui se forment ainsi simultanément, peut donner des apparences très différentes aux tiges arrivées à leur croissance complète. Les planches 1 à 6 sont destinées à montrer quelques uns des principaux exemples de ces aspects des Lycopodiacées résultant de leur mode de ramification, de la direction de leur tige et de ses rameaux, de la forme de leurs feuilles, et de la position de leurs organes reproducteurs. En ne considérant pour le moment ces plantes que sous le point de vue de leurs tiges, on voit sur la planche 1 le *Lycopodium Saururus* de l'île Bourbon, dont le rhizome produit des tiges dressées rapprochées et toujours simples; le *Lycopodium Mandiocannum* (1),

(1) Cette espèce a été considérée, par MM. Hooker et Greville (Botan. miscell., tom. 2, p. 367), comme identique avec le *Lycopodium dichotomum* de Jacquin; mais la comparaison des échantillons provenant de la localité même où Raddi cite cette espèce, avec la figure de Jacquin et avec des échantillons, qui s'accordent bien avec cette figure et la description de cet auteur, suffit pour prouver que le *Lycopodium mandiocannum* est une espèce bien distincte par sa tige dressée à rameaux roides, et

(Raddi) du Brésil, dont la tige dressée et plusieurs fois dichotome présente des rameaux divergens et roides ; et le *Lycopodium Phlegmaria* des régions tropicales de l'ancien continent qui offre le même mode de subdivision, mais dont la tige flexible pend ordinairement du tronc ou des branches des arbres.

Les *Lycopodium Gnidioides* et *lucidulum* représentés sur la planche 2, offrent le même mode de ramification dichotome, mais présentent des différences importantes dans la forme et la disposition des tiges. Dans ces diverses plantes ainsi que dans le *Lycopodium complanatum*, Pl. 5, fig. 2, et le *Psilotum triquetrum*, Pl. 6, fig. 1, il y a dichotomie régulière de la tige avec égalité des rameaux, et par conséquent il n'y a pas d'axe ou de tige principale. Dans le *Lycopodium furcellatum* Gaud. Pl. 3, fig. 1, un rhizome donne naissance à une tige ascendante droite qui par suite d'une dichotomie inégale forme un axe principal qui se termine par les rameaux de fructification. Les rameaux secondaires devenus latéraux se subdivisent un grand nombre de fois par une dichotomie régulière.

Le *Lycopodium inflexum* de la figure 2 présente également un rhizome alongé donnant naissance à des tiges dressées beaucoup plus courtes que celles de l'espèce précédente, et dont les rameaux latéraux, au lieu de se subdiviser un grand nombre de fois, restent simples ou presque simples.

Au contraire, le *Lycopodium cernuum*, figuré Pl. 4, offre la structure du *Lycopodium furcellatum* portée au plus haut degré. Cette plante qui croît dans presque toutes les parties intertropicales du monde, présente tantôt une tige immédiatement dressée, terminée par plusieurs racines dichotomes, tantôt un rhizome ordinairement oblique qui s'élève le long de la base des arbres, et duquel naissent des tiges droites de 1 à 2 ou 3 pieds.

Enfin dans la plupart des *Stachygynandrum* et surtout dans le *Stachygynandrum lævigatum* Lamk. (Pl. 5, fig. 1), la forme dicho-

surtout par ses feuilles aciculaires à bords enroulés en dessus, tandis que celles du *Lycopodium dichotomum* sont planes, linéaires et acuminées.

tome disparaît complétement ou presque complétement par suite de l'inégalité du développement des deux rameaux qui résultent de la bifurcation successive de la tige. Le mode de formation par dichotomie de ces tiges, en apparence si régulièrement pinnées, résulte de l'examen des diverses espèces de ce groupe.

Avant de passer à l'étude de la structure interne des tiges des Lycopodiacées, nous devons examiner avec quelque soin le mode d'insertion des feuilles et la forme de ces organes.

Dans les diverses plantes de cette famille, les feuilles affectent des rapports de position très différens et présentent des modifications de forme, soit dans les diverses espèces, soit sur les diverses parties de la même plante qui méritent d'être signalées.

Dans beaucoup de Lycopodes, les feuilles sont opposées ou verticillées, et les verticilles alternant régulièrement, les feuilles forment des rangées longitudinales en nombre double de celles de chaque verticille. Les feuilles sont opposées et égales entre elles dans quelques variétés du *Lycopodium Phlegmaria*, dans le *Lycopodium nummulariæfolium* Blume et dans quelques autres espèces.

De ces feuilles opposées et égales entre elles on passe souvent d'une manière insensible à des feuilles opposées, mais dont chaque paire est formée de deux feuilles inégales en grandeur. Ainsi auprès du *Lycopodium Phlegmaria* vient se placer le *Lycopodium phlegmaroides* Gaudich. dont nous représentons un fragment Pl. 7, fig. 6, qui diffère des variétés du *Lyc. Phlegmaria* à feuilles opposées par l'inégalité constante et régulière des feuilles; inégalité qui est beaucoup plus prononcée en général sur les rameaux que vers la base de la tige.

Cette même inégalité est portée au plus haut degré dans les rameaux des *Stachygynandrum*, tandis que sur la base des tiges, les feuilles d'une même paire sont égales.

Le nombre des feuilles qui constituent chaque verticille est souvent considérable et varie assez notablement dans chaque espèce selon les individus et les parties de la même plante qu'on examine. Dans les diverses variétés du *Lycop. Phlegmaria* on trouve le plus souvent des feuilles verticillées par trois ou par quatre; le nombre trois se retrouve dans le *Lycopodium Gnidioides*.

Le nombre quatre s'observe sur les *Lycop. lucidulum* (Pl. 7, fig. 10) et *annotinum*. Dans le *Lycopodium verticillatum*, j'ai vu des verticilles de cinq feuilles, et sur d'autres individus des verticilles de huit feuilles (Pl. 7, fig. 7); elles sont 6 par 6 sur les échantillons que j'ai examinés du *Lyc. bifidum* (Pl. 7, fig. 8); 8 par 8 sur une espèce remarquable de la Californie désignée par M. Bory Saint-Vincent sous le nom de *L. funiforme* (Pl. 7, fig. 9).

Sur le *Lycop. dichotomum*, Blume, j'ai compté des verticilles de 11 feuilles vers le bas de la tige et de sept feuilles sur les rameaux.

Enfin ce même nombre de 11 feuilles par verticilles se présente quelquefois sur les rameaux les plus réguliers du *Lycop. clavatum* et sur des espèces voisines, telles que les *Lyc. inflexum, aristatum*, etc.

Les tiges rampantes des espèces de ce groupe offrent une modification singulière de la disposition verticillaire, c'est l'obliquité extrême du verticille qui tend à ramener les insertions des feuilles sur un plan horizontal (Pl. 7, fig. 2). Cette obliquité est quelquefois très régulière, mais le plus souvent les feuilles sont plus ou moins séparées et insérées à des hauteurs assez différentes pour rendre leur disposition tout-à-fait irrégulière et pour amener la confusion des feuilles de deux verticilles si ces deux verticilles sont rapprochés.

La disposition verticillaire, quoique très fréquente dans les Lycopodes, et constante ou à peu près constante dans certaines espèces, ne me paraît pas être la disposition primitive et normale des feuilles de cette famille. Dans beaucoup d'espèces, en effet, on observe une disposition en spirale continue très régulière, mais qui passe très facilement et très fréquemment dans la même plante à la disposition verticillée qui paraît n'en être qu'une altération. Cette disposition spirale des feuilles d'un grand nombre de Lycopodes est, du reste, très différente de celle des feuilles de la plupart des plantes phanérogames; mais cette disposition déjà signalée par M. Alex. Braun dans ces végétaux et dans les inflorescences de quelques plantes phanérogames, peut jeter beaucoup de jour sur le passage qu'on observe assez fréquemment dans ces dernières, de la disposition en spirale quinconciale à l'insertion par paires décussées.

En général, la disposition spirale des feuilles des Lycopodes est telle qu'après deux tours de spire, on trouve une feuille exactement superposée sur celle qui a servi de point de départ. Le nombre des feuilles, variable suivant les espèces, qui se trouve compris entre la première et la dernière feuille de ce double tour de spire est toujours impair, de sorte que l'angle entre deux feuilles qui se succèdent ou l'angle de divergence est toujours de cette forme : Diverg. $= \frac{2 \text{ circonf.}}{2n+1}$

Le nombre total des feuilles comprises sur deux tours entiers de spire est, suivant les espèces et les rameaux qu'on examine, égal à 9, 13, 15, 17, 21, 23, et quoique je n'aie pas observé les nombres 11 et 19 et les nombres inférieurs à 9, il est probable que tous les nombres impairs pourraient se présenter.

Des nombres différens peuvent se montrer sur les diverses parties d'une même plante. Ainsi le *Lyc. dichotomum*, Blume, présente dans sa partie inférieure des feuilles disposées suivant l'ordre $\frac{2}{13}$ et sur les rameaux d'après la fraction $\frac{2}{15}$.

Le *Lycopodium curvatum*, Blume, présente également les dispositions $\frac{2}{11}$ et $\frac{2}{13}$ suivant qu'on examine ses parties inférieures ou ses rameaux.

Or, ces nombres qui semblent en rapport avec la grosseur des tiges comparées au volume des bases des feuilles, pourraient probablement atteindre un chiffre beaucoup plus élevé si les tiges des Lycopodes étaient plus volumineuses; mais ce qu'il y a de remarquable dans cette disposition, c'est la manière dont elle passe facilement à l'ordre verticillaire.

Il résulte déjà de ce mode d'insertion des feuilles que celles qui appartiennent à un tour de spire, alternent exactement avec celles du tour de spire inférieur et supérieur. Mais il suffit en outre de l'avortement d'une feuille ou plutôt de la confluence de deux feuilles en une, et d'une différence dans la hauteur du point d'insertion des feuilles pour ramener ces feuilles à former deux verticilles composés d'un nombre de feuilles égal à la moitié de celles qui formaient les deux tours de spire diminuées d'une unité. Ce passage de l'ordre spiral à la disposition verticillaire s'observe assez souvent dans certains végétaux phanérogames, mais comme il est très fréquent parmi les plantes qui nous occupent et qu'il porte sur des spires d'un nombre de feuilles très variable, on voit mieux comment s'opère ce changement.

En effet, on peut s'assurer qu'il y a toujours suppression d'une feuille dans le passage d'un double tour de spire à un double verticille; ainsi, la double spire de 9 feuilles qu'on observe sur quelques pieds de *Lycopodium Phlegmaria* produit deux verticilles de 4 feuilles et on voit distinctement (Pl. 7, fig. 11) qu'il y a confluence de deux feuilles en une pour passer de l'ordre spiral à la forme verticillaire ou dédoublement d'une série de feuilles pour passer de la disposition verticillée à celle en spirale; une double spire de 23 feuilles se change sur le *Lyc. dichotomum* en deux verticilles de 11 feuilles et sur les rameaux de la même plante deux tours de spire composés de 15 feuilles deviennent deux verticilles de 7 feuilles. Enfin, sur quelques pieds de *Lycop. Phlegmaria* les feuilles opposées ne paraissent être que la transformation d'une insertion spirale suivant la loi de divergence $\frac{2}{5}$.

Ce mode de transformation des spires en verticilles explique pourquoi l'opposition des organes est presque le seul ordre verticillaire qu'on observe parmi les plantes phanérogames, c'est que le cas le plus simple de leur double spire est celui exprimé par la fraction $\frac{2}{5}$ qui se transforme en deux verticilles de deux feuilles par l'avortement d'une feuille ou par la confluence de deux feuilles en une.

La disposition spirale ou verticillée des feuilles des Lycopodes n'est donc qu'une modification légère d'une organisation essentiellement semblable, seulement dans chaque espèce l'une de ces dispositions peut être la plus fréquente et peut même se présenter constamment; mais on voit que sur beaucoup de ces plantes le nombre des feuilles qui forment les verticilles ou les tours de spire peut devenir très élevé, et c'est un caractère qui les distingue encore des plantes phanérogames dans lesquelles les verticilles ou chacun des tours de la spire primitive ne comprennent presque jamais plus de 3 à 4 feuilles. Un autre caractère de l'insertion des feuilles des Lycopodes essentiel à noter, c'est la facilité avec laquelle ces feuilles, tout en conservant leur position dans la série longitudinale à laquelle elles appartiennent, naissent sur un point plus ou moins élevé de cette série de manière à troubler tellement l'ordre régulier de la spire ou du verticille qu'il est très difficile de reconnaître la position normale qu'elles devraient occuper. Les espèces de Lycopodes à feuilles très nombreuses et très ténues, telles que les Lycopodium *cernuum, clavatum* et les espèces voisines de celles-ci, en présentent des exemples fréquens qui feraient croire que ces feuilles n'affectent aucune disposition régulière ; mais on voit bientôt que ce sont des cas qu'on peut considérer comme accidentels, quoique assez fréquens, et qui sembleraient résulter de l'adhérence des feuilles avec la tige dans une plus ou moins grande étendue.

Les feuilles, considérées en elles-mêmes et indépendamment de leurs positions respectives, offrent assez d'uniformité dans leur organisation, mais ne présentent pas cependant des caractères aussi importans que les tiges. Elles sont toujours simples et entières, rarement finement dentées sur leurs bords, le plus souvent elles sont étroites, subulées ou linéaires, rarement ovales ou arrondies et portées sur un pétiole court, mais distinct; presque toujours, au contraire, elles s'insèrent par une base continue avec le limbe et même un peu élargie, et le plus souvent elles sont contiguës ou presque contiguës par leur bord avec les feuilles voisines du même verticille ou de la même spire ; souvent elles sont sétacées, leur épaisseur égalant leur largeur, et enfin elles se terminent fréquemment par une pointe aiguë ou même par un poil roide.

Elles sont assez souvent contournées à leur base, leur limbe étant ramené dans le même plan que le rameau qui les porte. Leur base devient alors assez ordinairement oblique et non symétrique, c'est ce qu'on observe particulièrement sur les feuilles des *Stachygynandrum.*

Enfin les diverses feuilles de la même plante peuvent, même en faisant abstraction de celles qui accompagnent les organes reproducteurs, offrir des différences de taille et de forme très remarquables. Quelquefois c'est dans diverses parties de la tige qu'on remarque des différences de taille d'autant plus singulières qu'elles se répètent de distance en distance, c'est ce que j'ai observé sur un échantillon du *Lycopodium lucidulum* Mich. (Pl. 1, fig. 2) et sur un pied du *Lycop. javanicum* Sw.

Dans cette dernière espèce l'alongement ou la brièveté des feuilles paraîtrait être en rapport avec l'avortement ou le développement des fructifications, et ce fait rentrerait dans celui plus habituel de la diminution des feuilles qui accompagnent les organes reproducteurs; mais dans le *Lycop. lucidulum* il était indépendant de cette cause.

Les différences de forme des diverses feuilles appartenant au même verticille ou au même tour de spire sont beaucoup plus ordinaires dans les plantes de cette famille et modifient d'une manière bien plus notable l'aspect de leurs rameaux.

Ces changemens sont surtout fréquens dans les espèces à feuilles opposées, mais elles ont lieu de deux manières différentes.

Dans quelques espèces telles que les *Lycopodium complanatum* et *Thuyoides* les paires de feuilles se croisant à angle droit et déterminant quatre rangées longitudinales régulières, sont développées de telle sorte que deux rangées opposées et formées par conséquent par les feuilles des mêmes paires sont plus grandes et aplaties latéralement de manière à former sur les deux côtés des rameaux des dentelures en scie très prononcées; les autres, appartenant aux paires qui alternent avec celles-ci, sont inégales et forment d'un côté une série de feuilles presque égales aux feuilles des séries latérales, mais appliquées contre la tige, et de l'autre côté une série de petites feuilles subulées et squammiformes. Par suite de cette inégalité des feuilles les rameaux prennent une apparence comprimée comme ceux des Thuya.

Dans d'autres espèces les paires de feuilles opposées en croix sont formées de deux feuilles inégales en grandeur et souvent différentes par leur forme; et les feuilles de même grandeur correspondant toujours au même côté de la tige, il en résulte que sur les quatres séries longitudinales, deux situées d'un même côté et contiguës, sont formées de grandes feuilles, et deux correspondant au côté opposé sont plus petites.

L'origine de cette disposition, qui appartient à presque toutes les plantes du genre *Stachygynandrum*, est bien démontrée par l'examen du *Lycopodium phlegmarioides* de Gaudichaud, espèce très voisine de certaines variétés du *Lycopodium Phlegmaria*, mais qui en diffère par l'inégalité des feuilles de chaque paire, inégalité beaucoup moindre que celle des *Stachygynandrum*, qui n'entraîne pas de différence dans la forme des feuilles, et qui disparaît presque entièrement dans le bas de la tige.

Dans les *Stachygynandrum* où la différence de grandeur est souvent très considérable, où les grandes feuilles ont une forme et une direction tout-à-fait différentes de celles des petites feuilles, on a considéré ces dernières comme des stipules; mais l'examen des plantes que nous venons de citer, et celle même des parties inférieures des tiges et des épis de fructification de ces *Stachygynandrum* suffit pour prouver que ce ne sont que des feuilles inégales et non des feuilles accompagnées de stipules.

La structure intérieure des feuilles présente peu d'importance pour la question qui doit nous occuper essentiellement ici, savoir : la comparaison des végétaux fossiles avec les Lycopodiacées. On doit seulement remarquer qu'elles sont recouvertes par un épiderme généralement très solide, lisse, qui détermine la consistance coriace et la grande résistance des feuilles de la plupart de ces plantes à la décomposition par l'humidité. Cet épiderme est percé d'un petit nombre de stomates qui m'ont paru généralement situés à la face inférieure des feuilles dont le parenchyme assez lâche présente des lacunes nombreuses et régulières qui, dans l'état de vie, sont remplies d'air.

Une seule nervure traverse ces feuilles, même lorsqu'elles sont le plus large; ainsi les feuilles ovales ou arrondies des *Lycopodium Phlegmaria* et *nummulariæfolium*, n'offrent aucune nervure secondaire naissant ou accompagnant la nervure moyenne très fine qui les traverse par leur milieu.

Ces feuilles persistent très long-temps sur la tige, et ne se détruisent que lentement sur les parties inférieures des tiges sans se désarticuler. La petite taille et le peu de durée des végétaux actuels de cette famille ne permet donc pas de voir ce qui résulterait de la chute de ces organes et la forme des cicatrices qu'ils laisseraient après s'être détachés; mais on peut cependant le prévoir en les coupant à leur insertion, et en examinant les tiges ainsi dépouillées artificiellement de leurs feuilles. Les principales différences dépendent de la largeur des bases des feuilles comparée à leur distance, et de l'existence ou de l'absence de sillons séparant les séries longitudinales de feuilles les unes des autres.

Il y a des espèces en effet où la tige est presque lisse, à peine légèrement ondulée, et sur lesquelles les côtés des feuilles ne se prolongent qu'en lignes décurrentes très courtes.

Il en est d'autres où les côtés des feuilles se continuent au dessous de leur point d'insertion sous la forme de deux bourrelets saillans jusqu'au point où ils rencontrent les feuilles placées plus bas.

Dans d'autres cas la base de la feuille se prolonge inférieurement sous forme d'une côte plus ou moins convexe, séparée de celles qui proviennent des feuilles appartenant aux séries voisines, par un sillon plus ou moins profond. Dans ce cas, lorsque les feuilles sont séparées de celles du même verticille ou de la même spire par un espace égal à la base même de ces feuilles, ces côtes sont d'une largeur égale, et les sillons restent parallèles. Si, au contraire, l'espace entre deux feuilles du même verticille est moindre, ou si ces feuilles sont contiguës, les deux sillons qui limitent la partie convexe qui s'étend au dessous de l'insertion de chaque feuille, se rapprochent et se réunissent même dans l'espace qui correspond à l'intervalle des deux feuilles du verticille inférieur.

Il en résulte que, dans le premier cas, la tige présente des côtes convexes séparées par des sillons parallèles; dans le second des sortes de mamelons alongés, de forme à peu près rhomboïdale, séparés par des sillons réticulés.

Quant à la cicatrice laissée par la base de la feuille, elle est presque toujours plus large que haute, et présente en général latéralement deux angles aigus qui correspondent aux bords de la base du limbe de la feuille. Enfin dans le milieu de ces cicatrices d'insertion, on ne voit qu'une seule cicatrice vasculaire, qui correspond à la nervure moyenne de ces feuilles.

La structure intérieure des tiges des Lycopodes ne fournit pas des caractères moins importans, pour distinguer ces végétaux, que sa forme extérieure. Ces caractères ne permettent de les confondre avec aucune autre famille de plantes, et sont très importans à étudier, puisqu'ils nous permettront de rapporter à cette famille plusieurs tiges fossiles dont la structure intérieure paraîtrait tout-à-fait insolite, si on ne connaissait pas celle des Lycopodiacées.

Plusieurs auteurs (1) ont déjà indiqué, comme caractère essentiel des tiges de ces végétaux, de présenter dans leur centre un axe fibreux ou plus solide que les parties environnantes auxquelles il est souvent uni par un tissu cellulaire lâche; mais la structure de ces diverses parties n'a pas été étudiée avec tout le soin qu'elles exigent pour le but que nous nous proposons.

Toutes les tiges de Lycopodiacées, que j'ai examinées, présentent dans leur centre un axe cylindrique formé par des vaisseaux et par un tissu cellulaire allongé, très délicat, interposé entre ces vaisseaux.

Mais la disposition et la nature de ces vaisseaux sont tout-à-fait remarquables. En effet ces vaisseaux ne sont pas isolés ou réunis en faisceaux arrondis ou disposés en un cercle extérieur, mais ils forment, dans toutes les espèces que j'ai eu occasion d'étudier, des faisceaux aplatis, des sortes de lames ou de bandelettes diversement repliées, les unes plus larges occupant toute la largeur de l'axe solide, les autres plus étroites et présentant une coupe ondulée. Chacune de ces sortes de bandelettes vasculaires est formée, tantôt par une seule série de gros tubes juxtaposés et assez adhérens entre eux, tantôt par plusieurs rangs de ces mêmes vaisseaux; il en résulte que ces bandelettes sont plus ou moins épaisses et plus ou moins solides. Quelquefois elles sont fortes et résistantes, et le tissu qui les unit les unes aux autres

(1) Kaulfuss, *das Wesen der Farrenkrauter*. 4°. 1827. — Bischoff, *die kryptogamischen Gewachse der Deutschlands*. 2ᵉ livr. 1828.

étant très fin et peu solide, ces bandelettes se séparent très facilement les unes des autres; du reste chacune de ces bandelettes m'a toujours paru uniquement formée de vaisseaux juxtaposés sans mélange de fibres ligneuses ou de tissu cellulaire alongé. Enfin ces bandelettes dont le nombre varie beaucoup suivant les espèces, sont loin de conserver la même disposition dans toute la longueur d'une même tige. Elles varient au contraire continuellement d'un point de la tige à un autre, plusieurs se réunissant en une seule, ou une seule se divisant pour en former plusieurs; elles sont aussi très diversement repliées de manière à présenter par leur coupe transversale tantôt des bandelettes droites s'étendant d'un côté de l'axe vasculaire à l'autre, tantôt au contraire des bandelettes pliées dont la coupe ressemble à un V dont la base serait tournée vers le centre de la tige. Il résulte souvent de cette disposition que les bords de ces bandelettes, qui correspondent à la surface de l'axe cylindrique, forment autant de sortes de faisceaux, généralement composés de vaisseaux d'un plus petit calibre, plus opaques par conséquent, et qui rendent ces bords des bandelettes très faciles à distinguer sur une coupe transversale. Or souvent le nombre de ces faisceaux superficiels ou de ces bords des grands faisceaux vasculaires, paraît être en rapport avec le nombre des feuilles de chaque verticille, ou avec le nombre des séries longitudinales, double de celui des feuilles de chaque verticille.

Ainsi sur le *Lycopodium juniforme* Bor., on voit distinctement 8 faisceaux correspondant aux 8 feuilles d'un seul verticille; dans le *Lycopodium verticillatum* j'ai vu 16 faisceaux superficiels en rapport avec les 16 rangées de feuilles que déterminaient les verticilles de 8 feuilles qu'on observait dans cette partie de la tige.

Mais cette coïncidence n'existe pas toujours. Ainsi, sur un échantillon du *Lycopodium bifidum* Sw. dont les feuilles étaient régulièrement verticillées 6 par 6, l'axe de la tige montrait à sa surface 8 faisceaux vasculaires bien distincts.

Les vaisseaux qui composent ainsi à eux seuls ces faisceaux aplatis et en forme de lame de l'axe solide des tiges des Lycopodiacées, sont tout-à-fait analogues à ceux qu'on observe dans les Fougères; ils sont très inégaux en diamètre, leurs orifices sont anguleux et irréguliers par suite de leur pression mutuelle, leurs parois sont épaisses et colorées en jaune, lorsqu'on les voit par transparence sur une coupe transversale. Enfin cette paroi, lorsqu'on l'observe sur une coupe longitudinale, présente des lignes parallèles entre elles, perpendiculaires à la direction du vaisseau, et qui paraissent des fentes transversales traversant la paroi du vaisseau. Ces fentes se correspondent exactement dans les parois de deux vaisseaux juxtaposés, et forment une seule rangée longitudinale sur chacune des faces aplaties de ces vaisseaux, faces qui correspondent chacune à un vaisseau voisin différent. Enfin dans les parties de leur surface où ces vaisseaux sont en contact avec le tissu cellulaire alongé et à parois minces qui sépare les faisceaux vasculaires, on observe des fentes du même genre, mais elles sont plus courtes et correspondent de même à chacune des cellules qui environnent cette partie de la paroi du vaisseau. Ces fentes, d'après l'aspect sous lequel elles se présentent sur les coupes transversales des vaisseaux, sembleraient traverser d'outre en outre leurs parois, et, par leur correspondance avec des fentes semblables des vaisseaux voisins, elles établiraient une communication entre les cavités de ces divers tubes; mais leurs deux bords étant tout-à-fait contigus dans les vaisseaux de toutes les Lycopodiacées que j'ai examinées, elles ne se montrent sur les parois des vaisseaux isolés que comme des lignes transversales très fines bordées d'une ombre légère, et il est presque impossible d'affirmer si elles sont fermées par une membrane mince, ou si elles sont complétement ouvertes.

Cette structure est exactement la même pour les vaisseaux d'un grand ou d'un petit calibre, pour ceux de la partie interne ou de la partie externe des faisceaux; il m'a paru y avoir uniformité absolue de structure dans tous les vaisseaux d'une même tige, les légères différences ne consistant que dans la longueur des lignes transversales qu'ils présentent, longueur qui dépend de l'étendue de la surface par laquelle ce vaisseau est appliqué contre un vaisseau ou une cellule voisine.

Le mode de terminaison de chacun de ces tubes les distingue encore des vrais vaisseaux lymphatiques des végétaux phanérogames, et les assimile au contraire complétement à ceux des Fougères; en effet, les vaisseaux lymphatiques des végétaux phanérogames, vaisseaux ponctués, réticulés, annulaires, fausses trachées ou autres, sont formés par des utricules plus ou moins alongés, placés bout à bout en une série continue et dont les diaphragmes résultant de cette union se sont détruits complétement ou en grande partie; ici, au contraire, les tubes qui composent ces faisceaux de l'axe de la tige, plus analogues aux fibres ligneuses et surtout aux fibres ponctuées des Conifères et des Cycadées, ne sont pas disposés en séries continues, unis par leur extrémité tronquée les uns au bout des autres, de manière à former autant de cylindres articulés; mais leurs extrémités amincies et coniques sont appliquées par leurs divers côtés contre plusieurs autres tubes voisins auxquels ils ne paraissent pas du reste unis plus intimement par leurs extrémités qu'ils ne le sont par leurs parois latérales; ce sont donc bien plutôt des fibres analogues à celles du tissu ligneux ordinaire modifiées dans leur structure que de vrais vaisseaux continus formés par la réunion complète de cellules alongées placées bout à bout.

Dans les parties ligneuses des végétaux phanérogames il y a en général deux sortes de tissus élémentaires bien distincts; les fibres ligneuses à parois continues, uniformément épaisses et par conséquent peu perméables aux liquides, et les vaisseaux formés par des séries de cellules alongées dont les cavités communiquent librement entre elles et qui permettent par conséquent très facilement la transmission des liquides; dans les plantes qui nous occupent, dans les Fougères, les Conifères, les Cycadées, il n'y a généralement dans les faisceaux ligneux qu'un seul tissu élémentaire, mais il est formé par des fibres qui sont pour ainsi dire intermédiaires, par leur structure, entre les fibres ligneuses et les vaisseaux des plantes phanérogames, et qui doivent aussi, sous le point de vue de leurs fonctions, tenir le milieu entre ces deux tissus.

La nature de ces fibres rayées et leur mode d'union en faisceaux aplatis qu'elles composent à elles seules, l'absence de véritables vaisseaux lymphatiques analogues à ceux des végétaux phanérogames et celle des vraies trachées, sont des caractères communs aux Lycopodes et aux Fougères, et qui confirment l'affinité généralement admise de ces deux familles. La différence de position de ces faisceaux ligneux ou pseudo-vasculaires, disposés en un cercle extérieur, près de la surface de la tige et environnant une masse de tissu cellulaire central dans les Fougères, rapprochés en un axe cylindrique central dont ils forment la plus grande partie et le milieu même, sans aucune trace de tissu cellulaire central ou médullaire, dans les Lycopodes, sont des caractères propres à distinguer les tiges de ces deux familles, lorsqu'on sera obligé de recourir à leur structure intérieure pour les reconnaître.

Mais cet axe cylindrique central, quoique formant la partie essentiellement caractéristique des tiges des Lycopodiacées, ne les constitue pas à lui seul; au contraire il ne forme le plus souvent que la moindre partie de son diamètre, ne dépassant pas dans beaucoup de cas la huitième ou la dixième partie du diamètre total de la tige ; c'est ce qu'on peut observer particulièrement sur les Lycopodes à tige assez grosse, dichotome et souvent pendante, tels que les *L. phlegmaria, verticillatum, gnidioides, etc.*

Dans d'autres espèces où la tige est moins grosse, mais plus solide, l'axe central constitue une plus grande partie, un tiers environ de la tige.

La texture de cette partie extérieure présente des modifications assez nombreuses, mais qui paraissent, par cela même, avoir peu d'importance comme caratère essentiel de la famille. En général, immédiatement en dehors de l'axe central on trouve une couche étroite de tissu cellulaire à parois minces et délicates, analogue à celui qui sépare les uns des autres les faisceaux aplatis qui constituent l'axe lui-même; ce tissu ne forme quelquefois que des sortes d'expansion ou de brides celluleuses qui unissent le faisceau central au tissu plus résistant, placé plus extérieurement, et il se détruit ou se déchire avec la plus grande facilité, soit par la dessication des plantes, soit par leur préparation. Aussi le faisceau fibro-vasculaire central ne paraît-il souvent occuper qu'une partie de la cavité cylindrique que forme le tissu cellulaire alongé et solide, qui l'environne extérieurement.

Cette partie extérieure, qu'on peut considérer comme constituant l'écorce de ces végétaux, est quelquefois entièrement composée d'un tissu celluleux mou, comme on peut le voir sur le *Lycopodium funiforme*, Pl. 10, fig. 1. Le plus souvent, on y observe un tissu plus résistant, qui forme tantôt une seule zone à peu de distance du faisceau central, tantôt une seconde zone tout-à-fait extérieure placée vers la surface de la tige, quelquefois cette seconde zone existe seule vers la partie la plus extérieure des tiges, et passe insensiblement à la texture du tissu cellulaire ordinaire, comme on le voit sur le *Lycopodium Phlegmaria*, Pl. 8, fig. 5.

Ce tissu, plus compacte et plus solide, ressemble souvent, dans sa coupe transversale, à celui qui constitue les faisceaux du liber de la plupart des plantes phanérogames, c'est-à-dire que ses parois s'épaississent par des couches concentriques internes, quelquefois assez distinctes, qui ne laissent plus qu'une cavité étroite vers le centre; mais il est formé d'utricules généralement moins alongées et moins aiguës à leurs extrémités que celles du véritable liber.

Très souvent, tant dans ce tissu alongé à parois épaissies que dans le tissu cellulaire à parois moins épaisses de la tige, les doubles parois de deux utricules voisins sont unies si intimement, qu'il est difficile de reconnaître l'existence de ces doubles parois; on y parvient cependant toujours par des coupes suffisamment minces et observées avec soin.

Cette structure des tiges, et particulièrement celle de l'axe central formé de plusieurs faisceaux aplatis, entièrement composés de fibres rayées sans mélange de trachées, de vaisseaux lymphatiques proprement dits, ni de fibres ligneuses ou corticales, est le caractère essentiel des tiges des Lycopodiacées, caractère propre à tous les genres de cette famille, et qui n'existe dans aucun autre végétal que je connaisse.

Une structure analogue se trouve dans les racines de ces végétaux, c'est-à-dire qu'elles offrent également un axe central formé de fibres rayées transversalement, comme celles des tiges; mais cet axe n'a pas exactement la même forme, et présente des différences assez notables suivant le mode d'origine des racines et leur volume.

Dans un grand nombre de Lycopodes, les tiges rampantes à la surface du sol ou sur le tronc des arbres, émettent de distance en distance des racines isolées, qui sortent à angle droit de cette tige et qui naissant directement de l'axe fibro-vasculaire de la tige, traversent le tissu extérieur pour se porter immédiatement au dehors. Cette racine, d'abord simple, se divise ordinairement à une assez grande distance, soit en se bifurquant régulièrement comme les tiges, soit en émettant des rameaux latéraux, qui paraissent du reste, comme les rameaux pinnés des tiges, n'être que le résultat d'une bifurcation inégale.

Dans d'autres espèces dont la tige s'implante perpendiculairement sur les corps qui portent ces plantes et forme une sorte de tubercule à sa base, une masse considérable de racines sort de la base de la tige par des points très rapprochés de sa surface, et ces racines presque fasciculées se divisent ensuite ordinairement par dichotomie. Mais dans ces plantes chacune de ces racines ne correspond pas, quant à son origine de l'axe intérieur, au point où on la voit sortir de la tige. Elles naissent successivement à diverses hauteurs de cet axe dans une étendue de 5 à 6 centimètres, et plus, et descendant obliquement ou presque parallèlement à cet axe dans le tissu cellulaire qui le sépare de la surface de la tige, elles ne sortent de l'intérieur de cette tige que très près de son extrémité inférieure (Voyez Pl. 8, fig. 1, 2). Il en résulte que, si on coupe cette tige près de sa base, dans l'espace compris entre le point le plus élevé où les racines commencent à naître de l'axe central jusqu'au point où elles sortent de la tige elle-même, on trouve en dehors de l'axe fibreux et central de cette tige, d'autres faisceaux arrondis plus ou moins nombreux, plongés au milieu du tissu cellulaire extérieur de la tige, et composés chacun d'un axe fibro-vasculaire particulier et d'une zone externe formée vers sa surface d'un tissu cellulaire alongé et très dur, et plus intérieurement d'un tissu cellulaire plus délicat, qui sépare l'axe formé de grandes fibres rayées de l'étui cylindrique plus résistant qui constitue la partie la plus extérieure de chaque racine. Ces racines, encore renfermées dans l'intérieur de la tige et plongées au milieu de son tissu cellulaire extérieur, sont d'autant plus nombreuses et plus serrées, qu'on examine la tige plus près de la base; c'est ce que montrent bien clairement les diverses coupes de la base de la tige du *Lycopodium phlegmaria* représentées sur la planche 8, fig. 3, 4, 5.

J'ai observé cette disposition des racines dans tous les Lycopodes à tiges régulièrement dichotomes dont j'ai pu étudier la base de la tige; tels sont les *Lycopodium phlegmaria, dichotomum, gnidioides, verticillatum*, et dans quelques cas l'origine intérieure de ces racines remontait très haut, jusqu'au delà de la première bifurcation de ces tiges, de sorte qu'immédiatement au dessous de cette bifurcation la coupe transversale de la tige présentait deux axes fibreux caulinaires et un nombre plus ou moins considérable de racines intérieures.

J'ai retrouvé une organisation analogue sur une espèce de Lycopode à tige rampante, le *Lycopodium saururus*, Pl. 1, fig. 1; seulement, le nombre des racines intérieures était moins considérable, parce qu'elles sortaient successivement de la tige à peu de distance de leur origine interne.

La structure des racines, suivant qu'elles naissent isolément d'une tige rampante, ou qu'elles sortent en grand nombre de la base même de la tige, est assez différente.

Dans le premier cas, elles sont généralement plus grosses, et ne me paraissent pas différer sensiblement des tiges par leur organisation intérieure, c'est-à-dire que leur axe fibreux est lui-même composé de plusieurs faisceaux de fibres rayées, aplatis et sinueux, réunis par un tissu cellulaire délicat.

Dans le second cas, soit qu'on examine ces racines dans la partie qui est encore contenue dans la tige ou dans leur partie extérieure, on voit qu'elles sont plus petites, plus uniformes de grosseur dans les diverses espèces, et que l'axe fibreux qui occupe leur centre n'est formé que d'un petit nombre de fibres rayées composant un seul faisceau, qui souvent présente une coupe de forme lunulée. (Voy. pl. 0, fig. 7.) Ce faisceau fibro-vasculaire est immédiatement environné d'un tissu cellulaire très délicat, puis plus extérieurement d'une couche de tissu cellulaire alongé à parois très épaisses, formant un étui très résistant et parfaitement limité, tant à l'intérieur qu'à l'extérieur, où il se trouve directement en contact avec le tissu cellulaire de la tige lorsque ces racines sont encore renfermées dans l'intérieur de la tige.

On verra que cette disposition remarquable des racines, déjà signalée sommairement par M. Gaudichaud comme existant dans le *Lycopodium Phlegmaroides* (1) et dans quelques espèces voisines, peut jeter beaucoup de jour sur les rapports de certaines tiges fossiles avec les végétaux vivans de cette famille.

La plupart des plantes que comprend la famille des Lycopodiacées, et que nous avons examinées jusqu'à présent, ont une tige plus ou moins ramifiée, rampante, dressée ou pendante, grêle et assez ligneuse; tels sont les *Lycopodium* proprement dits, les *Stachygynandrum*, les *Psilotum* et les *Tmesipteris;* les feuilles, de forme très variable, présentent leur plus grand développement dans les *Tmesipteris* et dans les *Lycopodium* voisins du *Phlegmaria,* tandis qu'elles disparaissent presque complètement dans les *Psilotum*, où elles ne forment plus que des sortes de petites dents sur les côtés de la tige; mais il est un genre anomal, pour ainsi dire intermédiaire entre les *Lycopodiacées* et les *Salviniées,* qui mérite un examen particulier; c'est le genre *Isoetes*.

Dans ces plantes aquatiques (Pl. 6, fig. 2) la tige est réduite à un véritable tubercule ou bulbe solide souterrain, presque entièrement formé de tissu cellulaire rempli de fécule, et d'où naissent inférieurement et latéralement de nombreuses racines, et supérieurement des feuilles très rapprochées, sétacées, dilatées à leur base par laquelle elles s'enveloppent successivement. Ce tubercule présente dans son centre un axe solide très petit (fig. 2 A, *d*), tant en largeur qu'en longueur, triangulaire dans sa partie inférieure, qui donne naissance aux faisceaux vasculaires des racines (g), cylindrique dans sa partie supérieure, d'où naissent les faisceaux vasculaires des feuilles (e): cet axe, qui se distingue par sa couleur jaunâtre du reste du tissu blanc et farineux du bulbe, contient quelques vaisseaux dispersés irrégulièrement dans un tissu cellulaire très fin, et ce sont ces faisceaux vasculaires qui s'infléchissant, et rayonnant dans tous les sens, se portent à la surface du bulbe, vers l'origine des feuilles ou des racines (Pl. 13, fig. 4). Cette disposition diffère à peine, comme on le voit, de

(1) Botanique du voyage de l'*Uranie*, p. 280.

celle qu'on rencontre habituellement dans les Lycopodiacées; seulement on s'aperçoit immédiatement que les vaisseaux sont moins nombreux, plus grêles et moins résistans que dans ces plantes. Mais si l'on examine la structure même de ces vaisseaux, on voit qu'ils diffèrent d'une manière très notable des vaisseaux ordinaires des Lycopodiacées.

En effet, ces vaisseaux qu'on peut observer plus facilement dans les racines (Pl. 13, fig, 5) et à la base des feuilles, mais dont la structure est évidemment la même dans toute la plante, ne sont pas marqués de raies transversales, disposées en séries longitudinales, comme ceux des Fougères et des Lycopodes; mais la membrane mince qui les constitue est parcourue par une fibre spirale, interrompue irrégulièrement de distance en distance et formant des anneaux; c'est donc tout-à-fait cette forme de vaisseaux qu'on a désignée sous le nom de fausses-trachées et de vaisseaux annulaires, modifications qui, dans cette plante comme dans beaucoup de végétaux phanérogames, se présentent simultanément sur le même tube. Mais je n'ai vu mêlé à ces vaisseaux aucune vraie trachée, ni ces fibres ligneuses qui les accompagnent généralement dans les plantes phanérogames; ici ils constituent à eux seuls le faisceau vasculaire, entouré immédiatement par le tissu cellulaire.

Si cette modification dans l'organisation des vaisseaux lie cette plante aux végétaux phanérogames ordinaires, un autre genre de cette famille offre des vaisseaux qui sont presque identiques avec ceux des Conifères et des Cycadées; c'est le genre *Tmesipteris*. Dans le *Tmesipteris truncata* de la Nouvelle-Hollande, la tige, dont l'organisation générale ne diffère que peu de celle des *Lycopodium*, présente vers le centre des vaisseaux qui, au lieu de fentes transversales assez longues, comme celles des vaisseaux de la plupart de ces plantes, n'offrent que des fentes très courtes formant quatre à six séries longitudinales sur les parois de chaque vaisseau, et devenant souvent de vrais pores elliptiques ou circulaires, qui présentent une ouverture apparente très sensible, qu'une observation attentive sous ses différens aspects semble devoir faire considérer comme de véritables ouvertures.

Ces vaisseaux, que je représente Pl. 11, fig. 5 et 6, ne semblent pas alors différer sensiblement de ceux des Cycadées ou des Conifères des genres *Araucaria* et *Podocarpus*, mais ils se distinguent cependant par la position des pores, qui, dans ces deux familles, n'occupent que les côtés des fibres ou vaisseaux qui correspondent aux rayons médullaires, tandis que dans le *Tmesipteris* ces pores sont disposés sur toutes les faces des vaisseaux. Cette comparaison des vaisseaux des Lycopodiacées dans les divers genres de cette famille était nécessaire pour montrer qu'ils peuvent varier dans certaines limites, et se confondre avec ceux qu'on observe dans d'autres plantes, et pour prouver que la composition et la disposition relative des faisceaux qu'ils forment avait encore plus d'importance que la nature même de ces vaisseaux. En effet, dans tous les genres de cette famille on reconnaît comme caractère essentiel de la structure intérieure de la tige, de présenter des faisceaux de forme assez irrégulière, *entièrement* composés de vaisseaux ou plutôt de fibres d'un grand calibre et d'une structure spéciale, mais identique dans tous les vaisseaux qui constituent ces faisceaux, sans mélange ni de vaisseaux d'une autre nature, ni de fibres ligneuses proprement dites. Ces faisceaux, ainsi formés d'une seule sorte de fibres élémentaires, sont immédiatement en contact avec le tissu cellulaire lâche du centre de la tige, et chacun d'eux n'est pas renfermé dans un étui de tissu fibreux dur et résistant comme cela a lieu dans toutes les Fougères.

Ce caractère, joint à leur position vers le centre de la tige et non en un cercle régulier près de la surface de la tige, distingue complétement les tiges de cette famille de celles des Fougères.

Les Conifères, dont les faisceaux ligneux ont aussi une texture plus uniforme que ceux de la plupart des végétaux phanérogames, et dont les fibres ou vaisseaux poreux ont, ainsi que je le faisais remarquer, beaucoup d'analogie avec ceux des *Tmesipteris*, diffèrent complétement des Lycopodiacées non-seulement par leurs faisceaux fibreux très nombreux et très réguliers, disposés en un cercle parfait et séparés par des rayons médullaires étroits, mais encore par la position des pores sur les parois de ces fibres, position qui est en rapport avec l'existence des rayons médullaires, et par la présence de vaisseaux d'une autre nature, de véritables trachées, dans la partie centrale de ces faisceaux; enfin par l'accroissement de ces faisceaux vers l'extérieur, à mesure que l'arbre vieillit, et par l'existence d'une écorce qui elle-même s'accroît avec l'âge de la plante.

Les organes de reproduction des Lycopodiacées doivent également être le sujet d'un examen attentif, car cet examen pourra jeter beaucoup de jour sur des parties analogues sous plusieurs rapports, que nous trouvons à l'état fossile.

Ces organes consistent dans des conceptacles ou capsules, le plus ordinairement légèrement aplatis, réniformes ou lunulés, s'ouvrant en deux valves par une fente qui parcourt leur partie convexe dans sa plus grande longueur, et qui sont fixés par leur échancrure sur un petit tubercule qui paraît souvent naître directement de l'aisselle des feuilles. Ces capsules, ainsi en apparence axillaires, sont tantôt situées à l'aisselle des feuilles ordinaires de la plante, sans qu'aucune différence se remarque entre ces feuilles et celles qui n'accompagnent pas les organes de la fructification (*Lyc. Selago, Lyc. Mandiocannum*, Pl. 1, fig. 2, *Lyc. Saururus*, Pl. 1, fig 1). Tantôt les organes reproducteurs, placés en général vers les parties supérieures de la plante, sont protégés par des feuilles un peu plus petites que les autres, mais qui diffèrent cependant à peine de celles de la partie inférieure de la plante; tels sont les *Lycopodium gnidioides, verticillatum*, etc.

Dans d'autres espèces ces feuilles supérieures, qui accompagnent les capsules, sont beaucoup plus petites, d'une forme différente et deviennent ainsi de vraies bractées; leur réunion donne à ces extrémités des rameaux chargés de fructifications et souvent dichotomes, un aspect tout particulier; ce sont de véritables épis ramifiés; tels sont les *Lycopodium Phlegmaria* (Pl. 1, fig. 3), *Phlegmatioides, nummularium* et les *Stachygynandrum* (Pl. 5, fig. 1).

Enfin, dans un grand nombre de plantes de ce genre, les feuilles qu'on pourrait appeler florales prennent une forme tout-à-fait spéciale; ce sont des sortes d'écailles portées sur un pédicelle distinct et souvent peltées. La réunion de ces écailles rapprochées et imbriquées forme des épis cylindriques, allongés, d'aspects très divers, suivant la forme des écailles, tantôt isolés et terminant directement les rameaux couverts de feuilles de la plante, tels sont les *Lycopodium cernuum, curvatum, densum, annotinum, alopecuroideum, inundatum*, tantôt geminés ou réunis en plus grand nombre à l'extrémité de rameaux allongés presque dépourvus de feuilles, et formant des sortes de pédoncules communs; c'est ce qu'on observe dans notre *Lycopodium clavatum* d'Europe, et dans beaucoup d'espèces exotiques, tels que les *Lycopodium venustulum*, Gaud (1), et *inflexum*, Swartz, figurés Pl. 3. Mais indépendamment de ces dispositions diverses et de ces modifications de forme des feuilles qui accompagnent les fructifications, et sur lesquelles on a généralement fondé la division des Lycopodes en sections, le mode d'insertion et la forme même des capsules mérite d'être examinés avec attention.

Lorsque les feuilles qui accompagnent les fructifications des Lycopodes ne diffèrent pas des feuilles ordinaires de la plante, ou sont simplement d'une dimension plus petite, comme dans les *L. Phlegmaria* et autres de cette section, les capsules paraissent exactement axillaires et s'insèrent sur un petit tubercule qui naît du point de jonction de la feuille avec la tige; mais cependant on peut remarquer que, lorsqu'on arrache la feuille, ce point d'attache l'accompagne presque toujours. (Voyez Pl. 12, *Lycop. Gnidioides*, fig. 1, *Lycop. verticillatum*, fig. 2, *Lyc. squarrosum*, fig. 3.)

Mais si on examine les espèces où les fructifications forment des épis bien distincts et sont recouvertes par des écailles peltées, pédicellées et d'une forme toute spéciale, on verra que c'est sur le pédicelle de l'écaille, à une distance bien sensible de son point d'attache sur la tige, et quelquefois près de son extrémité, que la capsule est fixée; ces capsules sont donc réellement épiphylles et non pas axillaires, comme presque tous les auteurs me paraissent

(1) Botanique du voyage de l'*Uranie*, p. 283. — J'ai indiqué précédemment par erreur cette plante sous le nom de *Lycopodium furcellatum*, Gaud. Ce nom était celui sous lequel M. Gaudichaud avait d'abord désigné cette espèce dans l'*Herbier du Muséum*.

l'avoir admis (1). Ce mode d'insertion devient encore plus apparent dans le genre *Tmesipteris* (Pl. 13, fig. 2), où les capsules sont fixées sur de véritables feuilles d'une forme toute spéciale, à une distance très notable de leur base, dans le point où elles se divisent en deux folioles. Une disposition parfaitement analogue a lieu dans le *Psilotum triquetrum* (Pl. 13, fig. 1), dans lequel on voit les feuilles si petites de ces plantes se transformer en une sorte de pédicelle plus ou moins allongé, terminé par deux petites écailles qui accompagnent la capsule trilobée de ces plantes; enfin, dans l'Isoètes les conceptacles sont enfoncés dans une dépression de la base des feuilles.

Il y a donc un grand nombre de Lycopodium où l'insertion épiphylle des capsules est très évidente, et l'on ne saurait guère douter que dans les espèces des genres *Lycopodium* et *Stachygynandrum*, où les capsules paraissent axillaires, cette apparence ne provienne seulement de l'insertion des capsules sur la base même de la feuille.

Cette disposition me paraît, du reste, générale, non seulement dans cette famille, mais dans les familles voisines, telles que les Marsileacées (2) et les Fougères, où elle a été signalée depuis longtemps, et je suis porté à croire qu'elle est une suite de l'absence de bourgeons axillaires dans toutes les plantes de ces familles, absence qui a une si grande influence sur tous les caractères extérieurs, sur le mode de développement et d'accroissement de ces végétaux.

(1) Dans la figure que M. Gaudichaud a donnée de son *Lycopodium venustulum* (Bot. de l'*Uranie*, Pl. 22), il représente parfaitement les capsules comme portées sur le pédicelle de l'écaille, mais il ne parle pas de cette disposition dans le texte.

Dans le bel ouvrage sur les Fougères de MM. Hooker et Greville, l'expression de *squamæ capsuliferæ*, ou *folia capsulifera*, est souvent employée, mais sans indiquer si les auteurs ont réellement entendu parler de feuilles sur lesquelles les capsules sont insérées, ou à l'aisselle desquelles elles sont placées.

(2) Dans beaucoup de *Marsilea* les involucres qui renferment les organes reproducteurs sont évidemment portés sur le pétiole de la feuille; dans d'autres, ainsi que dans le *Pilularia*, ils sont portés sur des pédicelles distincts; mais ces pédicelles eux-mêmes ne me paraissent pas autre chose que des feuilles avortées.

Le même genre d'insertion se retrouve dans les plantes phanérogames, lorsqu'on considère, non plus l'origine du fruit sur le pédoncule, mais le point d'attache des ovules sur les carpelles, qui représentent de véritables feuilles transformées; il se montre surtout d'une manière tout-à-fait analogue dans les Conifères et les Cycadées, où les ovules sont fixés sur les écailles des cônes exactement comme les capsules des Lycopodiacées sur les écailles de leurs épis, qui ont par suite la plus grande ressemblance avec les cônes des Conifères.

La forme et la disposition des écailles et des capsules dans ces épis doit particulièrement fixer notre attention, car nous retrouverons des fructifications presque identiques parmi les fossiles du terrain houiller.

Nous avons déjà fait remarquer que, dans plusieurs espèces, les épis de fructification étaient dichotomes comme les tiges et les rameaux; mais cette disposition n'est connue jusqu'à présent que dans les espèces de la section des Phlegmaria, où les écailles ne diffèrent des feuilles que par leurs dimensions, et où les capsules paraissent axillaires, section qui, jointe aux Lycopodes dont les capsules sont insérées à la base des feuilles non modifiées, pourrait former un genre spécial (Phlegmaria).

Dans les vrais Lycopodes (Lycopodium), les épis composés d'écailles d'une forme spéciale, qui portent les capsules à une petite distance de leur point d'insertion, sont toujours simples, mais ils sont souvent géminés; on conçoit donc facilement qu'ils pourraient être dichotomes comme ceux des *Phlegmaria*, et on doit s'attendre à rencontrer cette modification dans la nature.

Ces épis sont quelquefois ovales ou elliptiques, le plus souvent cylindriques et plus ou moins allongés; les écailles qui les constituent paraissent généralement disposées en spirales ou quelquefois verticillées comme les feuilles des plantes de ce genre. Elles présentent un petit pédicelle ordinairement assez court, à peu près cylindrique, dirigé perpendiculairement à l'axe de l'épi, et dont le sommet se dilate pour former la partie membraneuse de l'écaille; quelquefois cette partie se développe surtout supérieurement, et forme une véritable feuille sétacée : c'est ce qu'on observe dans les *Lycopodium alopecuroides* (Pl. 12, fig. 4), *inundatum* et dans quelques autres.

Dans le plus grand nombre des cas, l'écaille se prolonge davantage supérieurement ; mais elle s'étend aussi inférieurement, l'espèce de disque à peu près rhomboïdal qu'elle forme présentant un angle supérieur très aigu, souvent subulé, et un angle inférieur moins aigu et quelquefois tronqué. Ces diverses modifications de forme sont représentées dans les figures 5 à 9, Pl. 12 (1).

Enfin, quelquefois c'est la partie inférieure de cette sorte de disque pelté qui se prolonge davantage : c'est ce qu'on peut observer pour les écailles d'une forme toute spéciale d'une nouvelle espèce de Lycopode (*Lycopodium Gayanum*, nob.) du Chili austral, représentées Pl. 12, fig. 10.

Dans presque tous les cas, ce disque scarieux est denticulé et comme fimbrié sur ses bords. Il recouvre, en général, complétement la capsule, qui est fixée à la partie supérieure de son pédicelle ; cependant, dans quelques cas, comme dans la dernière espèce que je viens de citer, l'écaille est plus étroite que les capsules qui paraissent dans les intervalles des écailles.

Ces écailles capsulifères sont toujours très rapprochées et imbriquées, de sorte qu'il n'y a entre elles que l'espace nécessaire pour les capsules qu'elles supportent. Quelquefois les bords du pédicelle de l'écaille se prolongent latéralement et inférieurement en deux sortes d'ailes membraneuses qui recouvrent la capsule portée sur l'écaille directement inférieure, et ces prolongemens, joints à ceux qui naissent sur les côtés de ce même pédicelle et qui se dirigeant supérieurement enveloppent en partie la base de la capsule, environnent presque de toute part chacune de ces capsules et les renferment dans une sorte de tégument membraneux. Cette disposition m'a paru surtout très prononcée sur le *Lycopodium curvatum* (voyez Pl. 12, fig. 9), espèce voisine du *Lycopodium cernuum*, figuré Pl. 4.

(1) Fig. 5, *Lycopodium densum*, Labill. ; fig. 6, *L. clavatum*, Linn. ; fig. 7, *Lyc. venustulum*, Gaud. ; fig. 8, *Lyc. cernuum*, L. ; fig. 9, *Lyc. curvatum*.

Si nous examinons la forme et la structure des capsules qui sont insérées sur ces écailles ou à la base des feuilles, nous verrons que dans la grande majorité des Lycopodiacées, la même plante ne porte qu'une seule sorte de capsule, le plus ordinairement uniloculaire et réniforme, s'ouvrant en deux valves, l'une intérieure et l'autre extérieure, et qui se réunissent au point d'attache de la capsule : c'est le cas de tous les *Phlegmaria* et de la plupart des *Lycopodium.* Ces capsules sont quelquefois à peu près globuleuses ou hémisphériques, et s'ouvrent parallèlement à leur point d'attache en deux valves, dont l'une est inférieure et l'autre supérieure. J'ai observé cette disposition dans les *Lycopodium alopecuroideum, curvatum* et *cernuum.* Dans les deux genres *Tmesipteris* et *Psilotum*, la capsule est divisée par des cloisons, en deux loges dans le premier, en trois loges dans le second, et s'ouvre en autant de valves qu'il y a de loges par des fentes qui correspondent au milieu des loges (Pl. 13, fig. 1 et 2).

Mais la structure la plus remarquable est celle qu'on observe dans les genres *Stachygynandrum* et *Isoetes*, dans lesquels on trouve des capsules très différentes par la nature des corps qui y sont renfermés. Les unes, en effet, dans les Stachygynandrum, sont analogues par leur forme à celles des Lycopodes ordinaires, et renferment des granules très fins et très nombreux (Pl. 12, fig. 11, *b*, *c*); les autres (Pl. 12, fig. 11, *d*, *e*) ne contiennent que quatre corps sphériques, qui sont de véritables graines dont la germination a été observée par plusieurs botanistes. Dans les *Isoetes*, les capsules membraneuses, elliptiques, comprimées, se déchirant irrégulièrement, qui sont fixées à la base des feuilles, sont semblables par leur forme extérieure (Pl. 13, fig. 3, *a*, *d*); mais les unes renferment une grande quantité de granules très fins, ovoïdes, très analogues à des grains de pollen (*e*); les autres contiennent un nombre moins considérable, quoique indéterminé, de graines (f) d'une forme à peu près semblable à celles des *Stachygynandrum.*

L'examen de la structure de ces corps, de leurs fonctions encore assez problématiques, nous conduirait à faire une excursion trop longue dans le domaine de la physiologie végétale; mais j'ai dû seulement signaler l'existence de ces deux sortes de capsules assez différentes par leur forme extérieure dans les *Stachygynandrum*, pour qu'on ne fût pas surpris si parmi les végétaux fossiles analogues on trouvait également sur la même plante des corps reproducteurs de deux formes différentes.

Dans les *Stachygynandrum* les capsules qui renferment les véritables graines sont situées en petit nombre à la base des épis de fructification; les autres capsules occupent les aisselles de toutes les écailles supérieures (Pl. 12, fig. 11, *a*).

Pour résumer les caractères essentiels des Lycopodiacées, nous rappellerons que, quant aux organes végétatifs, la tige, rarement simple, ne se ramifie jamais que par la bifurcation du bourgeon terminal qui détermine une dichotomie ou égale et symétrique ou inégale et simulant des rameaux pinnés. Il y a absence constante de bourgeons axillaires, et la bifurcation des tiges ou des rameaux n'est pas dirigée dans le plan d'une des séries de feuilles. Les feuilles, presque toujours simples et uninervées, sont ou verticillées ou en spirales, mais généralement rectisériées.

Intérieurement la tige présente un axe formé de plusieurs lames diversement unies entre elles et composées de fibres très allongées et d'un plus grand calibre que les cellules voisines, à parois épaisses, marquées de séries longitudinales de fentes tranversales, formant de faux vaisseaux dont les cavités ne communiquent pas largement entre elles, mais seulement par le moyen de fentes latérales. Outre cet axe et les vaisseaux qui en partent pour se porter dans les feuilles, dans beaucoup d'espèces, vers la base de la tige, le tissu cellulaire qui constitue la partie extérieure de ces tiges est parcouru parallèlement à l'axe par des racines intérieures formées d'un étui fibreux et coloré, très dense, et d'un faisceau central de fibres rayées.

Ces racines, une fois sorties de la tige, sont habituellement dichotomes comme les rameaux.

Les organes reproducteurs sont essentiellement formés de capsules ou coques membraneuses bivalves, insérées sur la face supérieure des feuilles, ou à leur base même, ou à quelque distance de cette base, sur le pédicelle qui soutient la partie laminaire des feuilles transformées en écailles. Ces feuilles, ou ces écailles fructifères, sont réunies en épis cylindriques, simples ou dichotomes, situés à l'extrémité des rameaux, et supportent quelquefois des coques de deux sortes, différentes par leur forme et par la nature des corps qu'elles renferment.

Si après avoir ainsi étudié l'organisation des diverses parties des Lycopodiacées, et examiné quels sont les traits de structure qui les caractérisent essentiellement, nous reportons nos yeux sur les végétaux fossiles qui nous ont entraîné dans cet examen, nous verrons qu'il existe, parmi les plantes du terrain houiller, un groupe nombreux de végétaux qui possède la plupart des caractères que nous venons de résumer, qui ne diffère des Lycopodiacées actuels que par la grande dimension des végétaux qu'il renferme, et par une modification de la structure intérieure de ses tiges et de l'organisation de ses fruits qui permettrait à peine d'en faire une section spéciale dans cette famille.

Les Lépidodendrons (1) qui servent de type à ce groupe, mais à la suite desquels doivent probablement se placer plusieurs autres genres qui se lient aux Lycopodiacées par l'intermédiaire des Lépidodendrons, ont toutes les formes extérieures des Lycopodiacées et même des vrais Lycopodes, avec des dimensions beaucoup plus considérables. Ainsi leurs tiges sont tantôt régulièrement et symétriquement dichotomes (2), tantôt leurs bifurcations principales étant inégales, il y a une tige presque droite, d'où partent latéralement des rameaux dichotomes (3).

Cette bifurcation des rameaux et des tiges principales est évidemment, comme dans les Lycopodes, le résultat d'une division de la tige au moment même où elle se développait, et non le résultat

(1) Les genres *Ulodendron*, *Bothrodendron* et peut-être même le genre *Megaphyton*, ne me paraissent que des états particuliers des tiges de Lepidodendron.

(2) Nous avons reproduit sur la planche 16 les figures de M. De Sternberg et de MM. Lindley et Hutton, qui représentent l'ensemble de deux Lepidodendrons, dessinés dans l'intérieur des mines de la Bohême et de Newcastle.

(3) Voyez les figures du *Lepidodendron elegans*, Pl. 14.

de l'accroissement des rameaux secondaires; car les séries longitudinales des feuilles portées sur la tige principale se partagent également entre les deux rameaux auxquels elle donne naissance, et se continuent sans interruption de la tige sur les rameaux.

Les feuilles insérées sur ces rameaux sont très nombreuses, simples, allongées, sessiles, entières, traversées par une seule nervure médiane, disposées en spirales très régulières, et leur base un peu décurrente forme des sortes de mamelons rhomboïdaux, sur lesquels persiste la cicatrice que la feuille laisse après sa chute; ces cicatrices et les mamelons rhomboïdaux qui leur servent de base varient de taille et de forme sur les tiges principales et sur les rameaux; mais, dans beaucoup de cas, elles sont aussi nettement limitées sur des tiges d'un très grand diamètre que sur les jeunes rameaux, ce qui prouve que les parties inférieures des tiges ont acquis d'énormes dimensions, jusqu'à un mètre de diamètre en peu de temps, lorsque la tige était encore succulente, et probablement avant la chute des feuilles qui persistent souvent sur des rameaux d'une taille considérable. Tous ces caractères extérieurs des organes de la végétation sont exactement ceux qu'on observe sur les Lycopodes, en faisant abstraction des dimensions, et on ne saurait les observer sur des végétaux dont les tiges : 1° se ramifieraient, non par division des bourgeons terminaux, mais par bourgeons axillaires; 2° s'accroîtraient par couches successives, de telle sorte que la partie inférieure de la tige, d'abord grêle, n'acquerrait un grand volume que pendant le développement subséquent de la plante et après la chute des feuilles. Ainsi, sous ce double point de vue, qui me paraît lié intimement avec l'organisation essentielle de la plante et avec son mode de croissance et d'existence, les Lepidodendrons sont complétement analogues aux Lycopodiacées, et diffèrent extrêmement des Conifères; et pour exprimer la différence en un mot, les Lepidodendrons sont évidemment des Acrogènes, comme les Lycopodiacées et les Fougères, et non des Exogènes, comme les Conifères.

Ces mêmes caractères les éloignent, à plus forte raison, des Phanérogames dicotylédones avec lesquelles quelques savants botanistes, examinant cette question trop légérement et frappés seulement d'une ressemblance extérieure, avaient cru leur trouver de l'analogie. Il n'y a pas, en effet, une seule plante de cette classe qui offre des tiges de plus d'un pied de diamètre, présentant encore son écorce assez intacte pour que les cicatrices d'insertion des feuilles soient visibles. Quand aux Monocotylédones, il n'en est aucune avec lesquelles on puisse penser à les comparer. Les formes générales des tiges, leur mode de ramification et la disposition des feuilles, placent donc évidemment les Lepidodendrons parmi les Cryptogames vasculaires ou Acrogènes, et ne permettraient pas de les distinguer des Lycopodiacées; mais, jusqu'à présent, nous avons été obligé de borner notre comparaison aux formes extérieures et aux conséquences qu'on peut en déduire. Une circonstance heureuse, bien rare dans les terrains auxquels ces végétaux appartiennent, a fait rencontrer un rameau de Lepidodendron, dont la structure interne était assez bien conservée pour nous fournir des documents précieux sur l'organisation des tiges de ces végétaux.

Cet échantillon remarquable (Pl. 20, fig. 1), trouvé par M. Vernon Harcourt dans les mines de Hesley-Heath, près Rothbury, dans le Northumberland, a été étudié avec beaucoup de soin et figuré en premier par M. Henry Witham, qui l'a fait connaître sous le nom de *Lepidodendron Harcourtii*, dans son bel ouvrage *Sur la structure intérieure des Végétaux fossiles* (1); depuis il a été décrit d'une manière encore plus complète par MM. Lindley et Hutton (2); enfin je dois à la généreuse obligeance de M. Hutton une coupe transversale complète de ce précieux échantillon, qui m'a mis à même d'examiner avec attention sa structure, et m'a conduit à la considérer un peu autrement dans quelques points que ne l'avaient fait ces savants naturalistes.

M. Witham a publié d'excellentes figures représentant diverses coupes transversales de cette tige; mais il n'a pas donné de coupes

(1) WITHAM, Transaction of the Natur. Hist. Soc. of Newcastle, mars 1832. — The internal structure of Fossil vegetables described, etc. *Edinburg*, 1833.

(2) Fossil flora of Great Britain, t. II, p. 45, Pl. 98 et 99.

longitudinales détaillées qui permettent d'apprécier la nature des divers tissus qu'il a représentés dans ses coupes transversales.

Les auteurs du *Fossil flora* ont figuré avec plus de précision quelques parties de la coupe transversale, et y ont ajouté plusieurs détails des tissus vus suivant la coupe longitudinale; mais ils me paraissent s'être trompés, à cet égard, dans un point qui doit apporter une modification assez essentielle à l'idée qu'ils ont eue de la structure de cette plante, et qui se trouve résumé dans la figure idéale qu'ils ont donnée, Pl. 98, fig. 2.

La coupe transversale que je dois à la libéralité de M. Hutton, qui a bien voulu se priver, en ma faveur, de ce morceau unique, est un peu différente, par les rapports de position de l'axe vasculaire, de celle représentée par M. Witham; je l'ai figuré du double de la grandeur naturelle, Pl. 20 fig. 2.

Cette différence de position de l'axe indique qu'elle a été prise sur un point un peu différent de l'échantillon, et que cet axe, comme celui des Lycopodiacées, était susceptible, à de petites distances, de se porter dans diverses parties de la masse celluleuse assez lâche, par laquelle il était uni au tissu cellulaire dense de l'extérieur. En effet, dans sa Pl. 13, fig. 1, M. Witham indique cet axe *a* comme placé au centre de la tige; celui de l'échantillon que j'ai représenté est tout-à-fait excentrique, se trouvant appliqué contre l'enveloppe celluleuse externe. Sauf cette différence peu importante, les deux morceaux s'accordent parfaitement dans leur organisation générale.

On voit que toute la partie extérieure est formée d'un tissu cellulaire dense (Pl. 20, fig. 2 et 3, *d*), dont les cellules, assez irrégulières et inégales, vont en diminuant vers la surface, et sont plus colorées et moins transparentes dans cette partie. Dans mon échantillon, cette masse de tissu cellulaire se termine vers la surface externe, comme l'a figuré M. Witham, Pl. 12, fig. 5, sans offrir de modification remarquable; mais il paraît que la zone la plus externe, représentée d'après une autre portion d'échantillon par M. Witham, Pl. 13, fig. 2 et 3, et par MM. Lindley et Hutton, Pl. 99, fig. 2 et 3, manque sur cet échantillon. Cette zone tout-à-fait externe que j'ai figurée d'après

M. Witham, Pl. 20, fig. 4, est formée d'un tissu cellulaire plus dense, à cellules petites, un peu allongées dans le sens de l'axe de la tige, et disposées en séries s'étendant du centre vers la circonférence, de manière à donner, sur une coupe transversale, à cette partie un peu l'aspect de la coupe du bois des Conifères. Mais la coupe longitudinale que je reproduis Pl. 20, fig. 5, d'après le *Fossil flora*, prouve que ce n'est qu'un tissu cellulaire un peu allongé et plus régulier que le reste du tissu de cette large zone externe; cette zone, d'un tissu cellulaire résistant, est à peu près égale en largeur à la moitié du rayon de la tige; elle est traversée obliquement par des faisceaux vasculaires (Pl. 20, fig. 2 et 3, *e*) qui se portent de l'axe vers les origines des feuilles, et dont nous examinerons plus tard la disposition.

En dedans de cette zone corticale, entre elle et l'axe cylindrique placé tantôt au centre, tantôt sur un des côtés de l'espace circonscrit par cette zone, on trouve un tissu cellulaire (Pl. 20, fig, 2 et 3, *c*) assez semblable, par la dimension des cellules, à celui qui forme la partie interne de la zone externe, mais qui paraît avoir été beaucoup moins résistant et plus facile à altérer, car il est presque partout fortement modifié ou même entièrement détruit et remplacé par une masse de tissus charbonnés opaques.

Ce tissu, presque toujours très altéré, formant une zone de largeur variable, suivant la position plus ou moins excentrique de l'axe, est traversé obliquement, comme la zone externe, par les faisceaux vasculaires qui, de l'axe vasculaire principal, se portent dans les feuilles; il se trouve immédiatement en contact avec cette partie vasculaire de la tige à l'égard de laquelle je ne puis partager entièrement l'opinion de M. Witham et des auteurs du *Fossil flora*, quoique je doive avouer que c'est avec quelque crainte que j'ose la contredire d'après l'examen seulement d'une coupe transversale.

Sur cet échantillon on voit immédiatement en dedans du tissu très altéré dont je viens de parler, une zone étroite (Pl. 20, fig, 2 et 3, *b*) formant un cylindre parfaitement continu et régulier, également bien limité à l'extérieur et à l'intérieur, et se présentant sur cette coupe transversale sous la forme d'un anneau offrant à l'extérieur des sinuosités qui sont produites par les faisceaux vasculaires qui s'en séparent pour se porter vers les bases des feuilles, mais dont le côté interne est très régulier et en contact avec un tissu cellulaire à utricules très petits et paraissant presque globuleux (Pl. 20, fig. 3, *a*), qui forme une véritable moelle centrale très nettement limitée, et ne se confondant nullement avec cet anneau extérieur formé d'un tissu dont les aréoles sont larges et irrégulières, et les parois fort épaisses.

Les auteurs du *Fossil flora* s'expriment ainsi relativement à la structure de cette partie des tiges du *Lepidodendron Harcourtii*.

« On trouve que le centre de la tige ou l'axe, lorsqu'on l'examine horizontalement, consiste en une colonne de tissu cellulaire très lâche, dont la partie la plus interne est détruite et remplacée par du spath calcaire ; à l'extérieur de ce tissu est placé un cercle, consistant en un tissu cellulaire beaucoup plus compacte, dans lequel sont rangés, presque à égale distance et vers l'extérieur, un nombre considérable d'espaces ovales (Pl. 99, fig. 1, *a*) composés d'un réseau très fin, entouré par un anneau incolore dont la stucture n'est pas reconnaissable. Une section verticale de cette partie montre que le réseau délicat, placé au milieu de l'anneau incolore, est l'orifice de vaisseaux *ayant très distinctement une structure spirale*. L'apparence de ces vaisseaux, lorsqu'ils sont très grossis, est celle représentée Pl. 99, fig. 4.

» On ne peut déterminer, d'après les échantillons que nous avons examinés, quel est la nature de l'anneau incolore; mais il est très probable qu'il formait le tube de fibres ligneuses qui, dans les plantes vivantes, accompagne et protège ordinairement les faisceaux de vaisseaux spiraux.

» A l'extérieur de l'étui vasculaire que nous venons de décrire, on trouve quelquefois de petits espaces ovales, composés d'un réseau semblable à celui qui occupe le centre des anneaux incolores. »

On voit, d'après cela, que ces savans ne considèrent comme vasculaires que les faisceaux détachés *a*, Pl. 20, fig. 6 (copiée d'après leur figure), et le tissu qui environne les espaces incolores autour de ces faisceaux, comme *un tissu cellulaire beaucoup plus compacte;* enfin, le tissu plus intérieur à larges aréoles comme un tissu cellulaire lâche.

Or, je ne saurais douter que le tissu à grandes aréoles, qui forme cet anneau autour du tissu cellulaire central, et que les auteurs que j'ai cités ont considéré comme la partie la plus externe de cette moelle formée de cellules plus grandes, ne soit entièrement formé par les vaisseaux rayés transversalement, qui sont figurés dans le *Fossil flora*, Pl. 19, fig. 4, et que je reproduis ici d'après cette figure (Pl. 20, fig. 7). Je pourrais déjà me fonder, à cet égard, sur la grande largeur de ces vaisseaux, qui n'est nullement en rapport avec les petits orifices des vaisseaux des faisceaux détachés placés en dehors de ce cercle, faisceaux qui seuls sont considérés comme vasculaires par M. Lindley, et sur la forme irrégulière des aréoles de ce tissu, ainsi que sur l'épaisseur de leurs parois, qui sont tout-à-fait en rapport avec ce qu'on observe dans la coupe transversale des vaisseaux rayés des Lycopodes et des Fougères; mais l'examen attentif des grandes aréoles qui forment ce cercle intermédiaire entre le tissu cellulaire central et les petits faisceaux isolés, m'en a fait voir quelques-unes qui, coupées un peu obliquement, laissent apercevoir leurs parois assez bien pour y reconnaître parfaitement les stries ou raies transversales qui caractérisent ces vaisseaux, et qui les distinguent immédiatement des cellules du parenchyme. Il me paraît donc certain qu'entre le tissu cellulaire délicat et généralement altéré, que traverse les faisceaux vasculaires des feuilles, et le tissu cellulaire fin et régulier, placé au centre de l'axe de la tige, il existe une zone étroite, formant un cylindre parfaitement continu, *sans rayons médullaires*, entièrement composée de tubes rayés transversalement, d'un diamètre assez inégal, mais dont les plus grands sont placés du côté du centre de la tige, et dont les plus petits, placés extérieurement, forment des lignes saillantes qui, s'isolant bientôt de ce cylindre vasculaire, constituent les faisceaux vasculaires des feuilles; faisceaux d'abord placés très près du cylindre vasculaire qui leur a donné naissance, et montant presque parallèlement à lui, mais qui deviennent ensuite de plus en plus obliques, et s'en éloignent pour gagner la surface extérieure de la tige et pénétrer dans les bases des feuilles. La disposition très régulière de ces feuilles détermine également la grande régularité de ces festons et des faisceaux libres qui occupent les intervalles des côtes saillantes, qui ne sont autre chose que ces faisceaux encore non isolés de la surface externe du cylindre.

Quant à chacun de ces faisceaux vasculaires, ils montent d'abord presque parallèlement à la surface du cylindre central dont ils se sont séparés, puis ils se recourbent peu à peu de manière à finir par traverser la zone externe dans une direction presque perpendiculaire à l'axe, il en résulte qu'une coupe transversale, comme celle figurée Pl. 20, les montre beaucoup plus nombreux vers le centre de la tige, où ils sont coupés presque perpendiculairement à leur direction, plus rares et coupés très obliquement vers la circonférence de cette même tige. Il en résulte aussi que les tissus qui les constituent se montrent sous des aspects très différents. Leur examen comparatif fait toujours voir vers leur centre un faisceau de vaisseaux d'un diamètre semblable à ceux qui forme les festons du cylindre central, et dont la structure, facile à déterminer, est tout-à-fait celle des vaisseaux rayés des Lycopodes et des Fougères.

Plus extérieurement et par conséquent plus inférieurement un faisceau plus petit, composé soit des mêmes vaisseaux, soit de cellules allongées ligneuses et très colorées, mais en très petit nombre. Enfin, autour de ces parties fibreuses ou vasculaires et entre les deux faisceaux qu'elles constituent, se trouve un espace vide, une sorte de lacune qui accompagne les faisceaux dans toute leur étendue, surtout à leur partie inférieure. Les auteurs du *Fossil flora* ont pensé que cet espace devait être occupé par les fibres ligneuses qui accompagnent ordinairement les vaisseaux; j'avoue que je ne saurais partager cette opinion, car les fibres ligneuses dont les parois sont épaisses et résistantes, ne se détruisent que très difficilement dans les circonstances qui ont pu altérer ces tissus silicifiées, ce sont toujours les parties qui se conservent le mieux, ainsi qu'on le verra dans le travail dont je m'occupe sur d'autres tiges de Lycopodiacées fossiles; en outre, dans plusieurs points de ces lacunes (Pl. 21, fig. 2) on aperçoit quelques traces du tissu qui accompagne les faisceaux vasculaires, et on voit, au contraire, que c'est un tissu cellulaire très fin, très délicat, analogue à celui qui se trouve souvent interposé entre les faisceaux vasculaires du centre de la tige des Lycopodes, et dont la destruction s'opère très facilement sur ces plantes vivantes. Cette constitution, entièrement vasculaire et celluleuse des faisceaux qui se portent du centre de la tige dans les feuilles, est encore celle qu'on observe dans les Lycopodes; seulement ces faisceaux sont plus considérables et en rapport par conséquent avec le volume de la tige et la grandeur des feuilles qu'elle supporte.

L'organisation de cette tige, telle que nous la concevons d'après ces divers détails, est restituée dans la figure 4, Pl. 21, et servira à mieux faire concevoir les détails puisés dans la nature, ou copiés d'après les planches de M. Witham et de MM. Lindley et Hutton, que nous avons réunis sur ces deux planches.

Cette organisation est, comme on le voit, très différente de celle qui est décrite, soit par M. Witham, soit dans le *Fossil flora;* car le premier ne parle que des faisceaux vasculaires qui traversent obliquement le tissu cellulaire pour se porter dans les feuilles, sans indiquer l'origine de ces faisceaux, et dans le second ouvrage, on limite la partie vasculaire de la tige aux petits faisceaux isolés, séparés par du tissu cellulaire, qui sont placés en dehors du vrai cercle vasculaire.

La structure, que nous croyons avoir reconnue d'une manière bien positive dans ces tiges, les éloigne complétement de l'organisation des plantes dicotylédones et paraît d'abord différer aussi très notablement de celle qu'on observe habituellement dans les Lycopodiacées vivantes.

En effet, dans toutes les Dicotylédones, soit angiospermes, soit gymnospermes, telles que les Conifères et les Cycadées, le système vasculaire de la tige se compose de faisceaux distincts, disposés en un cercle régulier, mais constamment séparés les uns des autres par des espaces celluleux qui constituent ce qu'on a nommé les rayons médullaires, structure qui s'accordait assez avec celle du *Lepidodendron Harcourtii*, telle qu'elle est décrite dans le *Fossil flora*, mais qui diffère complétement de celle que nous venons d'indiquer dans cette plante.

Dans les Lycopodiacées ordinaires, la partie centrale de la tige est formée de plusieurs faisceaux en forme de bandelettes plus ou moins irrégulières, séparées par un tissu cellulaire très fin et très délicat. Mais, dans aucun des Lycopodes ou des *Stachygynandrum* que nous connaissons, ces bandelettes ne se replient de manière à former un cylindre complet, contenant le tissu cellulaire dans son centre.

Ainsi, sous le point de vue de la disposition du tissu vasculaire, les tiges de Lépidodendron, telles que nous les connaissons d'après le rameau unique qui nous a dévoilé leur structure, paraîtraient d'abord différer également de celles des Lycopodiacées et de celles des Conifères, famille qui seule parmi les Dicotylédones pourrait se rapprocher d'eux par quelques caractères.

Mais si l'on fait attention à toutes les modifications de forme que présentent les faisceaux vasculaires diversement lobés qui constituent la plus grande partie de l'axe des tiges des Lycopodiacées, on concevra que dans des plantes très voisines des vrais Lycopodes on pourrait trouver l'organisation que nous offrent les Lépidodendrons.

Une plante très différente des Lépidodendrons par son aspect, sa taille, son mode de végétation et la plupart de ses caractères, mais appartenant cependant à la famille même des Lycopodiacées, réalise, en effet, complétement cette modification de l'axe des Lycopodiacées, telle qu'on l'observe dans les Lépidodendrons : c'est le *Psilotum triquetrum* représenté Pl. 6 fig. 1. Dans cette plante, il y a une sorte de moelle centrale (Pl. 11, fig. 1, *a*), formant un cylindre bien régulier composé de tissu cellulaire allongé à parois assez épaisses ne présentant aucune trace des raies transversales qui caractérisent les fibres vasculaires de ces plantes, et autour de cette moelle un cercle complet et continu formé de deux ou trois rangs de vaisseaux analogues à ceux des Lycopodes (Pl. 11, fig. 1 *b*), une disposition semblable se retrouve d'une manière un peu moins claire dans le *Tmesipteris truncata*, avec une légère différence dans la stucture des vaisseaux, différence que j'ai déjà signalée plus haut. L'organisation de ces plantes, de la même famille que les Lycopodes, est donc presque identique, en très petit, avec la structure des tiges des *Lepidodendron;* enfin, on verra, dans un mémoire spécial sur diverses sortes de tiges fossiles dont l'organisation est conservée et qui ont été trouvées en assez grand nombre, dans ces derniers temps, aux environs d'Autun, que ces tiges, dont quelques-unes ont en grand exactement la structure des bases des tiges de certaines Lycopodiacées, présentent, dans d'autres espèces, un passage presque insensible à la structure du *Lepidodendron Harcourtii*, structure qu'on n'a observée que sur un rameau, et qui est peut-être également susceptible de présenter, dans d'autres parties de la tige ou dans d'autres espèces, des modifications qui la rapprocheraient davantage de celle des Lycopodiacées ordinaires.

Si, après avoir ainsi cherché à déterminer les rapports de position des divers tissus qui entrent dans la composition de ce rameau de Lépidodendron, nous examinons la structure même de chacun de ces tissus, et surtout de quelques-uns d'entre eux, nous verrons que la nature des fibres vasculaires qui composent soit le cylindre central, soit les faisceaux qui se portent dans les feuilles, confirme tout-à-fait l'analogie de ces plantes avec les Lycopodiacées. Ainsi, le cylindre vasculaire qui entoure le tissu cellulaire central et qui occupe presque le centre de la tige est uniformément composé du même tissu; il n'y a pas mélange de fibres et de vaisseaux de diverses sortes, comme dans les faisceaux fibro-vasculaires des Phanérogames; il est, au contraire, entièrement formé d'élémens identiques par leur structure, et qui ne diffèrent que par leur volume et la déformation que la compression leur a donnée, disposition tout-à-fait semblable à celle qu'on observe dans les faisceaux vasculaires aplatis des Lycopodiacées et dans ceux des Fougères. Enfin, ces fibres ont cette structure toute particulière, si habituelle dans les végétaux de cette classe naturelle, qu'on a désignée sous le nom de vaisseaux rayés, vaisseaux fendus, vaisseaux scalariformes (*treppen gange*), et qui paraissent former un des caractères essentiels de ces végétaux. Le volume beaucoup moindre de ces vaisseaux dans la partie extérieure du cylindre vasculaire et dans les faisceaux qui s'en séparent pour se porter dans les feuilles, est encore un caractère qu'on observe généralement dans les Lycopodiacées, et particulièrement dans celles dont les feuilles très nombreuses sont en rapport avec un nombre proportionnel de faisceaux vasculaires entourant l'axe central (Voyez la coupe de la tige du *Lycopodium verticillatum*, Pl. 10, fig. 1).

Enfin, la délicatesse du tissu cellulaire qui environne extérieurement ce cylindre vasculaire, et qui le sépare du tissu cellulaire plus dense qui forme la zone résistante extérieure de la tige, la destruction facile de ce tissu, la position excentrique de l'axe vasculaire dans l'espèce de cavité cylindrique qui résulte de la destruction plus ou moins complète de ce tissu cellulaire, sont des caractères ou des dispositions accidentelles qu'on rencontre très fréquemment sur les tiges sèches des Lycopodiacées conservées dans nos herbiers.

Ainsi, par la structure intérieure de leurs tiges, comme par leur forme extérieure, leur mode de ramification et la disposition de leurs feuilles, les Lépidodendrons s'accordent presque complètement avec les Lycopodiacées et ne seraient autre chose que des Lycopodiacées arborescentes.

La même analogie se rencontre-t-elle dans leur mode de reproduction? C'est ce que nous allons examiner. Déjà, en 1828, j'avais considéré comme les fructifications des Lépidodendrons les cônes allongés ou les sortes d'épis écailleux que j'avais alors désignés par le nom de *Lepidostrobus;* mais je ne pouvais me fonder, à cette époque, que sur l'analogie de ces épis strobiliformes avec les épis des Lycopodes, et sur l'analogie que j'avais été conduit à admettre entre les Lépidodendrons et ces mêmes Lycopodes.

Depuis lors, de nombreux échantillons sont venus confirmer cette présomption, ainsi que le prouveront plusieurs de nos figures, dans lesquelles on verra des épis qu'il est impossible de ne pas reconnaître pour des Lépidostrobus jeunes, fixés à l'extrémité des rameaux de Lépidodendrons bien caractérisés. Ainsi, sur la planche 14, on voit, entre les deux rameaux du *Lepidodendron elegans*, fig. 2, un autre rameau qui porte des feuilles implantées presque perpendiculairement sur l'axe, coudées et renflées toutes à la même distance de cet axe, exactement comme nous verrons que cela a lieu pour les Lépidostrobus.

Le *Lepidodendron selaginoides*, Pl. 31, présente également un rameau qui semble se terminer par le commencement d'un jeune *Lepidostrobus.*

Plusieurs branches du *Lepidodendron fastigiatum* paraissent être dans le même cas.

Le *Lepidostrobus comosus*, Lindl. et Hutt. foss. Flor., Pl. 162, n'est autre chose qu'un Lépidostrobus sessile à l'extrémité d'une branche de Lépidodendron, et entouré par les feuilles qui terminent cette branche.

Enfin, les échantillons représentés Pl. 24 montrent des *Lepidostrobus* assez développés, portés à l'extrémité de rameaux qu'on ne saurait méconnaître pour des rameaux de *Lepidodendron*. Aussi, l'opinion que les *Lepidostrobus* sont les épis de fructification des Lépidodendrons paraît-elle généralement admise; mais ces fruits, dans leur état le plus parfait, lorsqu'ils paraissent arrivés à leur maturité, étant généralement séparés des rameaux des *Lepidodendron* qui les ont produits, il est impossible de fixer les rapports qui existent entre les diverses sortes de fruits et les diverses espèces de *Lepidodendron*, et, par cette raison, nous serons obligé de leur conserver le nom générique de *Lepidostrobus*, mais en établissant bien d'avance que ce sont évidemment des doubles dénominations, appliquées à diverses parties d'une même plante, et que ces Lepidostrobus devront un jour, lorsqu'on aura pu reconnaître les espèces de Lepidodendrons auxquelles ils appartiennent, rentrer sous cette dénomination générique et spécifique, comme fruits de ces espèces.

La structure de ces fruits et leur distinction spécifique sont également difficiles à fixer d'après les matériaux que nous possédons actuellement, et, malgré les nombreuses communications que j'ai reçues sur ce sujet, surtout de la part des géologues anglais (1), c'est avec regret que j'aborde cette question avant d'avoir réuni un plus grand nombre de matériaux pour l'éclaircir, et surtout avant d'avoir pu examiner de nouveau plusieurs échantillons que j'ai dessinés en 1825, dans les collections de l'université d'Oxford, et de la Société géologique de Londres, et qui fournissent sur la structure de ces fruits des données plus précises qu'aucun de ceux que je possède; mais je ne puis ajourner cet examen, qui est nécessaire pour compléter nos connaissances sur le genre Lepidodendron, et sur ses affinités. Lorsque je traiterai spécifiquement de ces fruits fossiles, je pourrai ajouter les renseignemens que de nouvelles communications auront pu me fournir.

Les épis de fructifications désignés sous le nom de *Lepidostrobus* paraissent généralement cylindriques, plus ou moins allongés suivant le degré de développement de ces fruits, et probablement selon les espèces de *Lepidodendron* auxquels ils appartiennent; ils sont, en général, simples, quelquefois cependant ils sont bifurqués; telle est la variété ou peut-être l'espèce figurée dans le *British Fossil flora*, Pl 163, et que j'ai représentée d'après cette figure, Pl. 24, fig. 2. Ils paraissent toujours terminer des rameaux, mais en s'insérant directement sur l'extrémité feuillée de ces rameaux, sans présenter de pédoncule ou de rameau nu, comme on l'observe dans beaucoup de Lycopodes, c'est-à-dire qu'en beaucoup plus grand, ils sont insérés sur les rameaux absolument comme les épis des *Lycopodium annotinum*, *cernuum*, *curvatum*, *densum*, etc., sont fixés à l'extrémité des rameaux de ces plantes, ou comme les cônes des *Araucaria*, parmi les plantes de la famille des Conifères. Les cas fréquens dans lesquels on trouve les *Lepidostrobus* arrivés à leur développement à peu près complet isolés des rameaux, semblent indiquer qu'ils étaient caduques comme les cônes de la plupart des Conifères, se détachant alors tout entier des

(1) J'ai dû surtout des échantillons très intéressans à MM. Mantell, Hutton, Hibbert, Paterson; je saisis cette circonstance pour leur en témoigner publiquement toute ma reconnaissance.

rameaux et qu'ils ne persistaient pas jusqu'après la dissémination des séminules, comme les épis des Lycopodes; enfin leurs écailles ne paraissent pas se détacher comme celles des cônes de certains genres de Conifères, ou du moins ce cas ne semble se présenter qu'assez rarement.

Les écailles qui les composent sont très nombreuses, et disposées avec une grande régularité, comme on peut l'observer sur les diverses figures des planches 22 et 23; elles s'insèrent perpendiculairement sur l'axe de l'épi, ou sont même un peu réfléchies. Cette partie de l'écaille est grêle et forme une sorte de pédicelle quelquefois bordé de prolongemens membraneux, dont la forme paraît varier suivant les espèces, mais qui sont souvent difficiles à distinguer dans les échantillons fortement comprimés, ou dont tous les interstices sont remplis par la matière qui environne ces fossiles. C'est particulièrement dans l'échantillon représenté Pl. 23, fig. 1, que j'ai dessiné dans la collection d'Oxford, que j'ai pu bien étudier la forme et la structure de ces écailles que j'ai représentées dans leur état naturel, fig. 1 *b* et 1 *c*, et restituées dans les fig. 1 *d* et 1 *e*. On y voit, d'une manière très distincte, l'espèce de pédicelle cylindrique et creux qui forme l'axe de l'écaille, et les deux prolongemens en forme d'ailes sinueuses qui le bordent, puis la partie renflée en forme de clou qui termine ce pédicelle, et dont la tête ou le disque terminal est à peu près rhomboïdal. Un des angles de ce disque est arrondi, l'angle opposé est aigu : toute cette partie dilatée est creuse et renferme un corps d'aspect grenu, bien limité, qui occupe la plus grande partie de cette cavité, et qui est fixé sur le côté de la paroi de cette cavité qui correspond à l'angle aigu du disque terminal des écailles. Une structure tout-à-fait analogue se retrouve dans l'épi représenté Pl. 23, fig. 2, sauf des différences spécifiques assez légères dans la longueur du pédicelle par rapport aux disques qui les terminent, dans la forme plus brusquement dilatée de la tête des écailles, enfin dans la forme des ailes membraneuses qui bordent les deux côtés du pédicelle, ailes qui sont presque parallélogrammiques et droites. Dans cet échantillon on ne voit pas de trace du corps qui occupe la cavité que présente également l'extrémité dilatée des écailles, mais on aperçoit très distinctement un tubercule qu'on ne peut s'empêcher de considérer comme le point d'attache de ce corps qui est détruit ou enlevé, ce point étant exactement dans la même position par rapport aux autres parties de l'écaille que dans l'échantillon précédent, c'est-à-dire au-dessous de l'extrémité aiguë du disque terminal.

Or, après avoir ainsi examiné la structure si curieuse des écailles qui composent ces deux épis de Lepidodendron, il s'agit de déterminer la direction des diverses faces qu'elles présentent, ou leur position par rapport à la base et au sommet de l'épi.

Cette détermination de la base et du sommet des *Lepidostrobus*, qui paraîtrait devoir être assez facile, est rendue très difficile par l'état d'isolement des rameaux où sont tous ceux de ces fruits qui sont arrivés à un développement suffisant pour qu'on puisse en étudier avec succès la structure, et le mode d'imbrication des écailles, sur lequel on est disposé à se fonder, peut être la source de bien des erreurs. Il est facile de voir, sur d'autres espèces de ce genre, que le disque terminal des écailles se prolonge très souvent en un véritable limbe foliacé, souvent très allongé et semblable aux feuilles ordinaires des Lepidodendrons. Dans ce cas, la direction de ces appendices foliacés qu'on voit dans les Lepidostrobus jeunes, encore fixés au rameau, se diriger vers l'extrémité libre de l'épi, détermine les deux extrémités de ces épis; mais la partie dilatée de l'écaille, l'espèce de disque terminal qui se prolonge supérieurement et presque à angle droit, en un grand appendice foliacé, présente inférieurement un autre prolongement beaucoup plus court, qui termine inférieurement le disque rhomboïdal de l'écaille par un angle assez aigu.

L'extrémité dilatée et discoïde des écailles présente donc, dans ces *Lepidostrobus* encore fixés aux rameaux, deux angles, l'un inférieur aigu, mais court; l'autre supérieur, qui souvent se prolonge en une véritable feuille.

Mais, dans les deux *Lepidostrobus* isolés, non seulement de leurs rameaux, mais de la roche qui les renfermait, qui nous ont fourni des données si importantes sur la structure des écailles de ces épis, on ne distingue aucun prolongement foliacé, soit qu'ils manquassent réellement dans ces espèces, soit qu'ils eussent été enlevés avec la roche qui les environnait, et on ne sait si on doit considérer l'angle aigu du disque comme représentant ces prolongemens foliacés avortés, ou si l'angle obtus et arrondi qui les termine du côté opposé correspondrait à ce côté supérieur dépourvu de toute espèce de prolongement foliacé ou dépouillé de cet appendice qui aurait pris naissance extérieurement et au-dessous de cet angle.

La manière dont les angles aigus se recouvrent l'un l'autre lorsqu'on les considère comme représentant la partie supérieure des disques, m'a fait adopter dans les figures de la planche 23 cette position, et diriger inférieurement l'angle obtus de ce même disque; mais alors le point d'attache du corps renfermé dans la cavité des écailles se trouve dans une position tout-à-fait insolite, qu'il est difficile de concevoir d'après la structure de tous les végétaux avec lesquels les Lépidodendrons semblent avoir des rapports.

En effet, nous avons vu que dans les Lycopodiacées, avec lesquels les Lépidodendrons ont tant d'analogie, les capsules, quelles que soient leur forme et leur structure, sont fixées à la face supérieure des feuilles ou du pédicelle des écailles qui les remplacent et qui composent les épis de fructification; dans les Conifères, qui n'ont que des rapports bien plus éloignés avec les Lépidodendrons, c'est également à la face supérieure des écailles que sont fixées les graines ordinairement géminées que ces écailles supportent. Ainsi, dans les Lycopodiacées et les Conifères, familles entre lesquelles tous les botanistes s'accordent à placer les Lépidodendrons, l'insertion des organes reproducteurs a lieu à la face supérieure des écailles qui forment les épis ou cônes de fructification. Ici, au contraire, si nous avons considéré les épis dans leur position naturelle, le corps intérieur, qui me paraît tout-à-fait comparable aux capsules des Lycopodiacées, et surtout des *Lycopodium cernuum*, *curvatum*, etc., dans lesquels les capsules ne sont pas réniformes, s'insère sur la face inférieure de la paroi supérieure de la cavité que présente chaque écaille, et, par conséquent, à la face inférieure des écailles dont les bords rapprochés formeraient les parois de la cavité qui contient ce corps reproducteur.

Cette disposition, tout-à-fait contraire à celle de la plupart des végétaux à fructification portée sur des écailles ou feuilles florales, serait un caractère très important des Lépidodendrons, s'il était parfaitement constaté, et leur donnerait une analogie, bien éloignée il est vrai, avec les Fougères, dont la fructification est aussi portée à la face inférieure des feuilles.

Si, au contraire, l'examen d'échantillons plus entiers montrait que nous avons figuré ces épis dans une position inverse de celle qui leur est naturelle, alors, par leurs organes reproducteurs, comme par ceux de la végétation, ces plantes se rapprocheraient tout-à-fait des Lycopodiacées, différant cependant de tous les genres actuellement existans de cette famille par leurs capsules contenues dans une cavité close de toutes parts, placée dans la partie renflée et sous le disque terminal des écailles qui constituent les épis de ces végétaux.

Mais les expansions membraneuses qui, dans quelques Lycopodes, et surtout dans le *Lycopodium curvatum* (Pl. 12, fig. 10), partent des parties latérales du pédicelle fructifère de l'écaille et environnent déjà en grande partie chaque capsule, ainsi que la position des capsules de l'Isoètes dans une dépression profonde de la base des feuilles, nous conduisent presque insensiblement à cette structure et nous la font concevoir comme pouvant s'accorder très bien avec l'organisation ordinaire des Lycopodiacées.

Dans les Conifères, nous trouvons que ces deux modifications des graines, tantôt portées sur la face supérieure des écailles, et tantôt contenues dans l'intérieur de chaque écaille, sont produites par un autre mécanisme : ainsi, dans les Pins, les Sapins et la plupart des autres Conifères, les graines sont fixées sur la face supérieure des écailles, tandis que dans les Araucaria, chaque écaille paraît creuse et contient dans la cavité qu'elle présente une graine fixée sous le disque terminal de cette écaille. Mais ici il y a deux écailles soudées, comme on peut facilement s'en apercevoir; et c'est entre ces deux écailles, qui existent librement dans beaucoup de Conifères, que la graine se trouve réellement contenue.

Ainsi, en admettant les Lepidodendrons pour de vraies Lycopodiacées, ce genre serait à peu près, relativement aux Lycopodes, ce que les Araucaria sont par rapport aux Sapins; j'ajouterai, comme confirmation de cette analogie, et pour qu'on ne soit pas porté à considérer plutôt ces plantes comme de vraies Conifères voisines, par la structure de leurs écailles, des Araucaria, que la forme de la cavité terminale des écailles et celle du corps qui y est contenu, dans les deux échantillons représentés fig. 1 et 2, pl. 22, ainsi que l'aspect même de la substance qui compose ces corps, leur donne une analogie frappante avec certaines capsules de Lycopodes, avec celles, par exemple, des *Lycopodium cernuum* et *curvatum*, figurées Pl. 12, fig. 9 et 10, tandis qu'il est impossible, au contraire, de leur trouver la moindre analogie avec la forme des graines des Conifères.

Mais tous les *Lepidostrobus* sont-ils des épis de Lepidodendrons, et par conséquent de Lycopodiacées? C'est ce que je n'oserais affirmer. N'aurait-on pas confondu avec ces fruits d'autres fruits analogues par leur forme extérieure, quoique appartenant à des plantes très différentes? c'est ce qui me paraît fort possible, mais ce que les échantillons que j'ai pu examiner ne me permettent pas de décider. Ainsi le *Lepidostrobus*, figuré Pl. 26 du *Fossil flora*, comme *Lepidostrobus ornatus*, présenterait, d'après les auteurs de cet ouvrage, des graines ovoïdes ou oblongues, occupant presque toute la longueur des écailles depuis leur point d'attache jusqu'au disque qui les termine, et qui sembleraient avoir beaucoup de ressemblance avec celles des *Araucaria*, tandis qu'elles différeraient complétement des corps que je viens de décrire. Un nouvel examen de ce fruit, fait comparativement avec ceux que j'ai étudiés, serait nécessaire pour éclaircir cette question.

Il est très probable qu'on trouvera dans le terrain houiller des fruits de Conifères, puisqu'on y a trouvé du bois fossile ayant la structure de celui des arbres de cette famille. Mais si on en juge par la rareté de ces bois, par la rareté encore plus grande des rameaux garnis de feuilles de ces mêmes arbres, par la position de ces bois et de ces rameaux, presque exclusivement dans les couches supérieures du terrain houiller, on doit s'attendre à ne les rencontrer que rarement. En effet, rien n'est peut-être plus rare dans la plupart des terrains houillers, et surtout dans les bassins les plus puissans et les mieux exploités, que ces rameaux de Conifères. Ce sont ces rameaux que j'avais regardés à tort, avec d'autres auteurs plus anciens, comme des Lycopodites, et qui sont désignés sous les noms de *Lycopodites piniformis* et *filiciformis* dans mon prodrome de l'Histoire des Végétaux Fossiles. Ces espèces ont été considérées avec raison par M. De Sternberg comme type de son genre Walchia.

Je ne connais encore ces plantes dans les vrais terrains houillers que provenant des mines de Saxe et de celles de Saint-Étienne; mais elles se retrouvent dans les schistes des environs d'Autun, qui correspondent aux couches supérieures du terrain houiller, et des espèces nombreuses et fort analogues à celles-ci se rencontrent dans les ardoises de Lodèves.

Je ne sache pas qu'on ait trouvé jusqu'à présent ces rameaux de Conifères, soit dans les mines du nord de la France, de la Belgique ou des bords du Rhin, soit dans celles d'Angleterre, et cependant c'est dans ce dernier pays qu'ont été recueillis les *Lepidostrobus*, qui sembleraient, au premier aspect, avoir plus d'analogie que ceux que nous avons décrits avec les fruits de Conifères; nous pensons donc qu'il serait nécessaire d'examiner ces cônes avec une nouvelle attention, avant d'admettre qu'ils s'éloignent complétement de ceux dans lesquels nous avons reconnu la structure décrite ci-dessus.

Ainsi les *Lepidodendron* devaient constituer un genre de Lycopodiacées parfaitement caractérisé : 1° par la grandeur et l'aspect de ses tiges et de ses rameaux, qui, suivant leur grosseur, portent un nombre souvent très considérable de séries de feuilles disposées en spirales régulières; 2° par ses feuilles caduques, laissant une cicatrice nette, mais petite, à peu près rhomboïdale, plus large transversalement que dans le sens de la longueur, et placée vers la partie supérieure d'un mamelon rhomboïdal très régulier, qui va, en s'accroissant, depuis les plus petits rameaux jusque sur les plus grosses tiges; 3° par la structure intérieure de ses tiges, présentant un cercle continu de gros vaisseaux rayés; 4° enfin par ses épis de fructification, terminant directement les rameaux, formés d'écailles parfaitement égales entre elles et presque perpendiculaires sur l'axe, présentant sous leur disque terminal une cavité qui paraît renfermer une capsule remplie de séminules, et se prolongeant souvent en un appendice foliacé. La réunion de ces caractères, qui me paraissent presque tous constatés d'une manière assez certaine pour qu'on puisse penser qu'ils n'offriront que des modifications d'un ordre secondaire, lorsqu'on aura pu les vérifier dans les diverses espèces de ce genre, en font un des genres les mieux caractérisés du règne végétal, et sur les affinités duquel il me paraît maintenant difficile de conserver des doutes.

En effet, ses tiges et ses feuilles ont, sauf leur taille infiniment supérieure, tous les caractères extérieurs des Lycopodiacées. Intérieurement la tige présente des vaisseaux parfaitement semblables à ceux de ces mêmes plantes, et, quoique leur disposition paraisse d'abord différer de celle qu'on observe dans les Lycopodiacées vivantes, on voit bientôt qu'elle se retrouve dans deux genres de cette famille, les *Psilotum* et les *Tmesipteris;* enfin la fructification constitue des épis très analogues par leur forme, quoique très supérieurs en grandeur, à ceux des Lycopodes, et composés d'écailles supportant des organes reproducteurs, dont la structure et le mode d'insertion ne sembleraient différer que génériquement de ceux des vrais Lycopodes.

Si, au contraire, nous comparons ces plantes aux Conifères vers lesquelles on a pensé qu'elles formaient un passage, nous verrons que leurs rapports sont extrêmement éloignés et dépendent bien plus de leur taille que de leur organisation ; de sorte que les Lépidodendrons ne seraient pas un groupe intermédiaire entre les Lycopodiacées et les Conifères, mais tout au plus un genre de Lycopodiacées qui tendrait à établir le premier chaînon d'une série formant le passage d'une de ces familles à l'autre. En effet, le mode de ramification dichotome qui caractérise essentiellement les Lycopodiacées et les Lépidodendrons ne se voit jamais dans les Conifères, qui ont toujours des bourgeons axillaires et des rameaux latéraux insérés en spirales, et simulant souvent une disposition pinnée ou verticillée.

La structure intérieure des tiges des Conifères diffère de celle des Lépidodendrons par la nature des éléments (fibres ou vaisseaux ponctués) qui entrent dans sa composition, et par la disposition de ces éléments en faisceaux distincts, séparés par des rayons médullaires, formant, il est vrai, un cercle régulier, mais interrompu par ces rayons, cercle qui s'accroît chaque année à l'extérieur et qui constitue alors la plus grande partie de la tige.

L'accroissement des parties inférieures des tiges paraît nul ou presque nul, dans les Lépidodendrons, car la surface de leur écorce n'a subi presque aucune altération sur les tiges les plus volumineuses; il est considérable et dure pendant toute l'existence de la plante dans les Conifères.

Enfin les épis de fructification ou cônes des Conifères n'ont jamais cette forme cylindrique qui est commune aux *Lepidodendron* et aux Lycopodiacées; les écailles qui les composent sont très obliques et non perpendiculaires sur l'axe, et elles ne se terminent jamais par des appendices réellement foliacés, disposition qui est presque constante dans les *Lepidodendron*, et qui se retrouve également dans quelques Lycopodes. Enfin, les corps portés sur les écailles des épis des *Lepidodendron* n'ont nullement la forme des graines des Conifères, tandis qu'ils ont la forme et l'aspect des capsules de certains Lycopodes.

Les rapports que j'avais cru pouvoir établir dans mon premier mémoire sur les végétaux fossiles, publié en 1822, entre les *Lepidodendron*, que je désignais alors sous le nom de *Sagenaria*, et les Lycopodes, se trouvent donc complétement confirmés, et je crois mis hors de doute, par les faits bien plus nombreux et bien plus positifs recueillis depuis cette époque, et que je viens d'exposer. Ce rapprochement est encore rendu plus vraisemblable par l'existence dans le même terrain de tiges silicifiées qui ont tous les caractères essentiels des bases des tiges des Lycopodes.

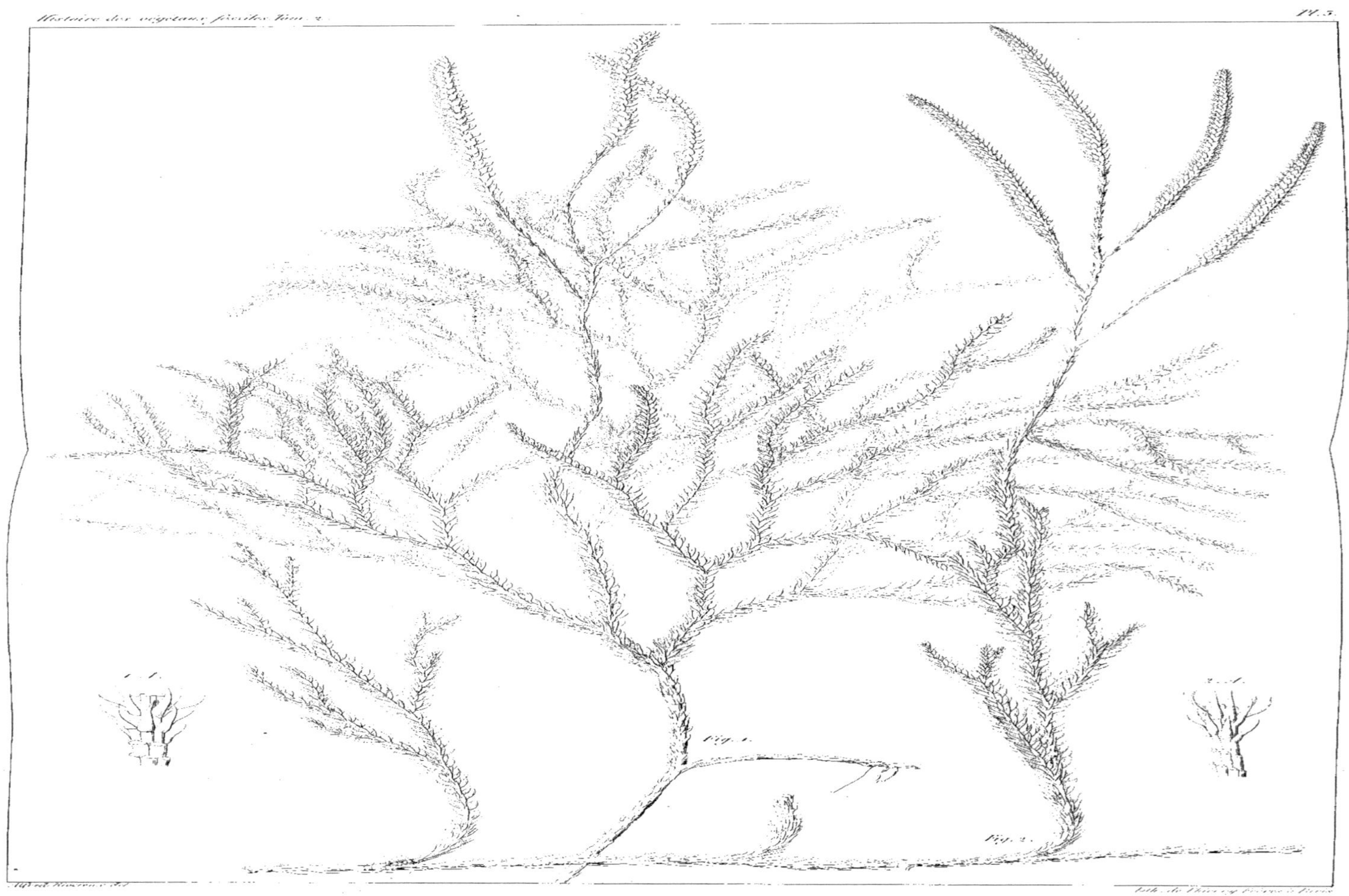

Fig. 1 Lycopodium [illegible] Lind. Fig. 2 Lycopodium [illegible]

Lycopodium cernuum. L.

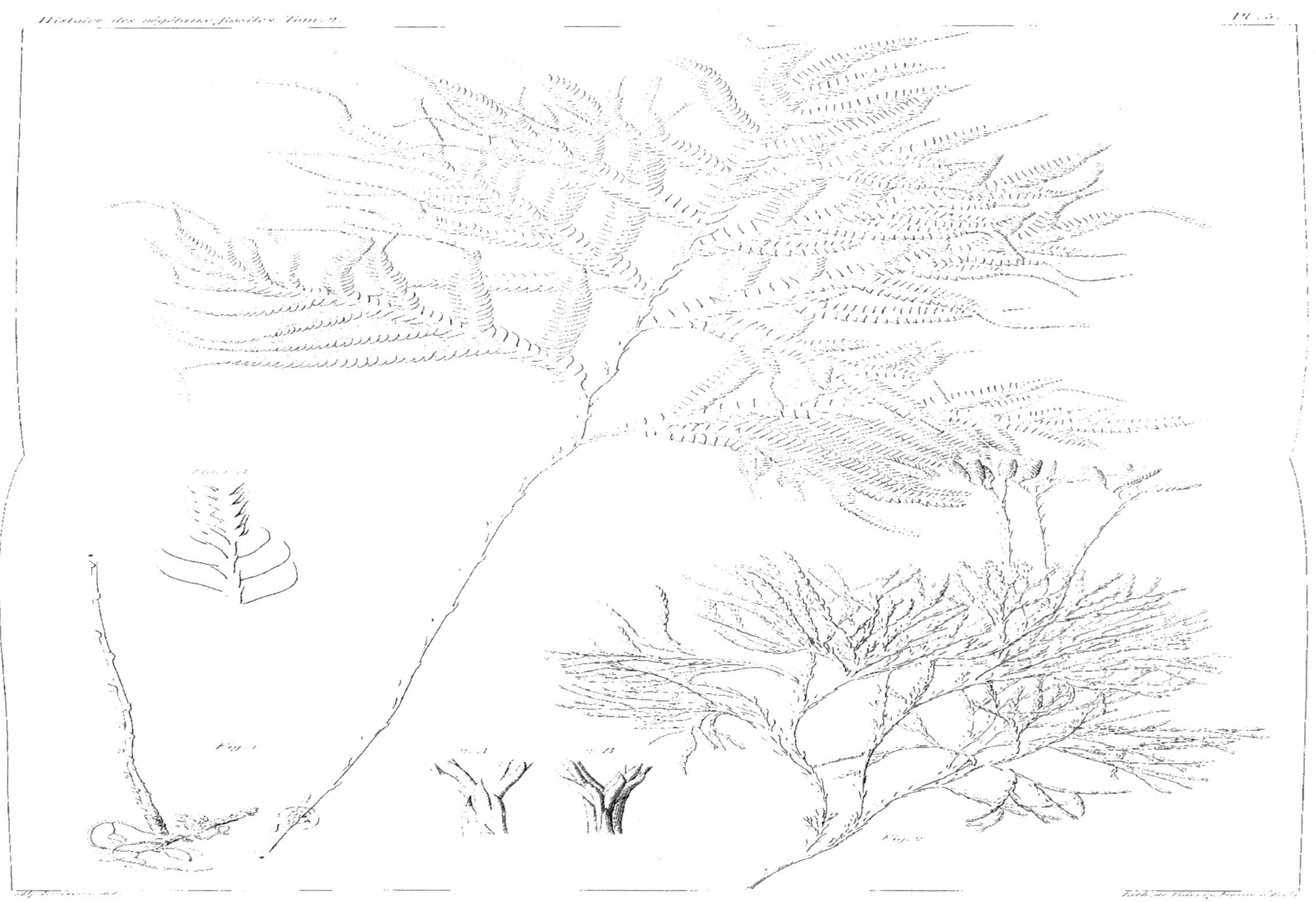
Fig. 1

2 A

2 B

Fig. 2

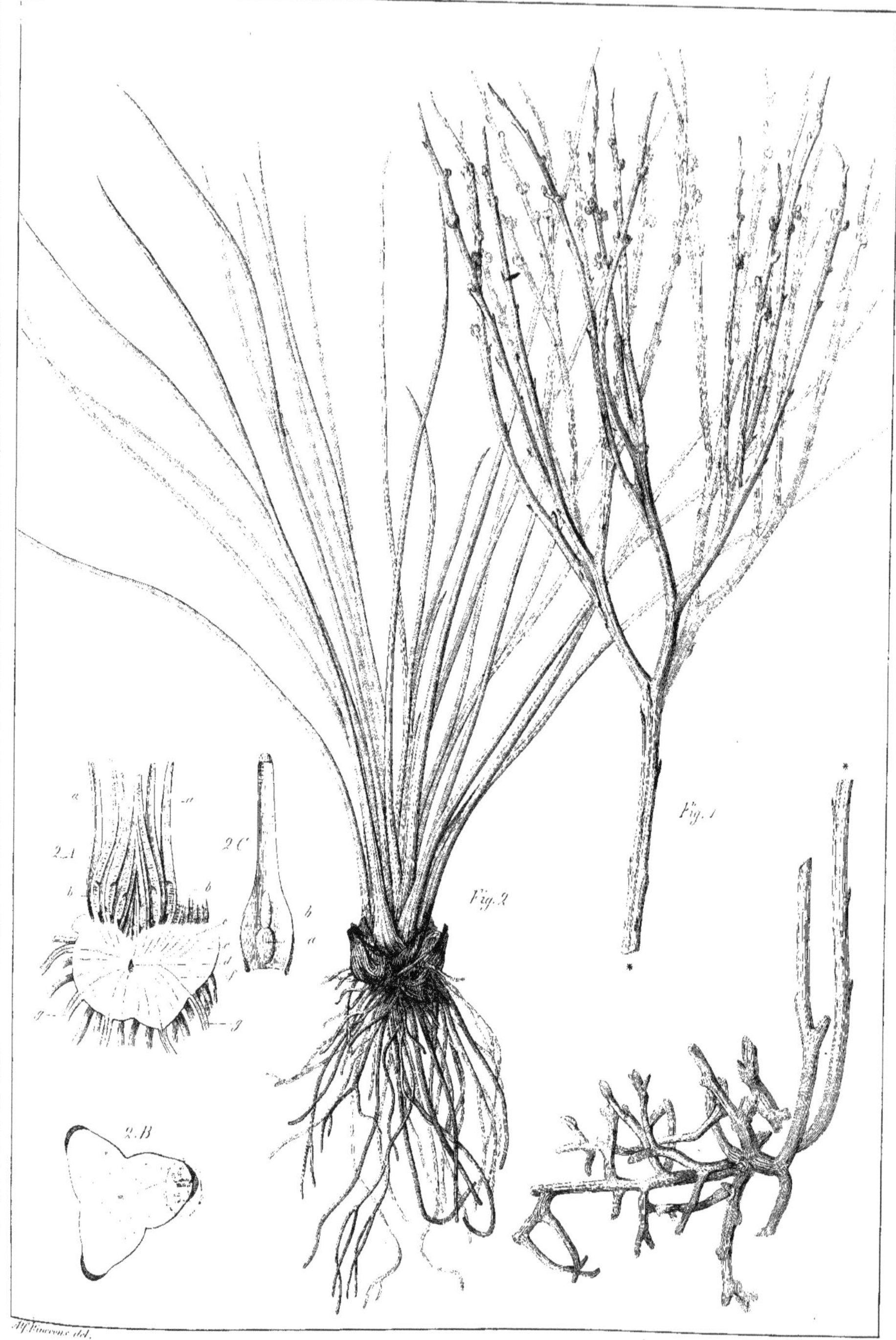

Fig. 1 Psilotum triquetrum. Fig. 2 Isoetes setacea.

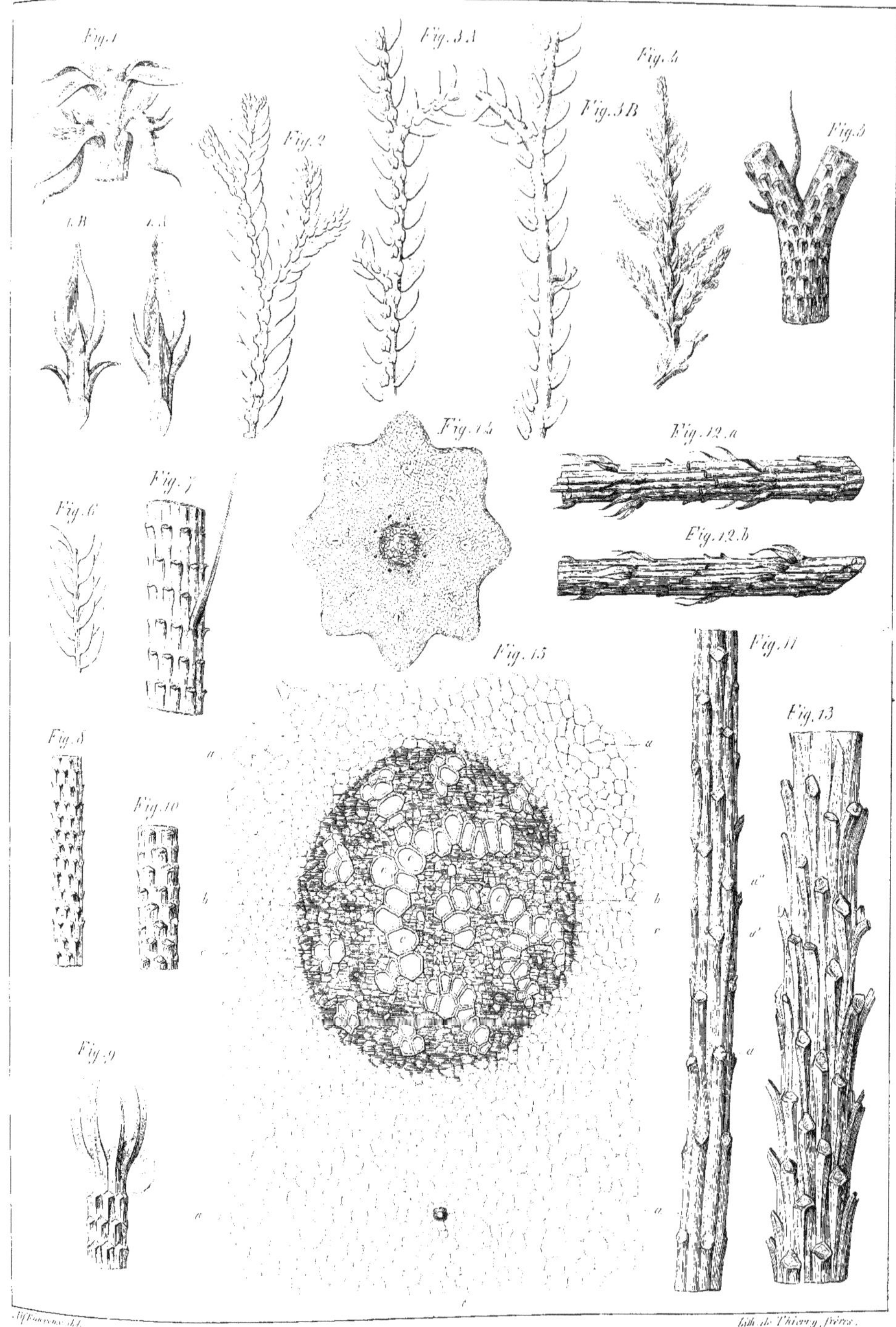

Ad. Brongniart del. Lith. de Thierry frères.

Disposition des feuilles et structure des tiges des Lycopodiacées.

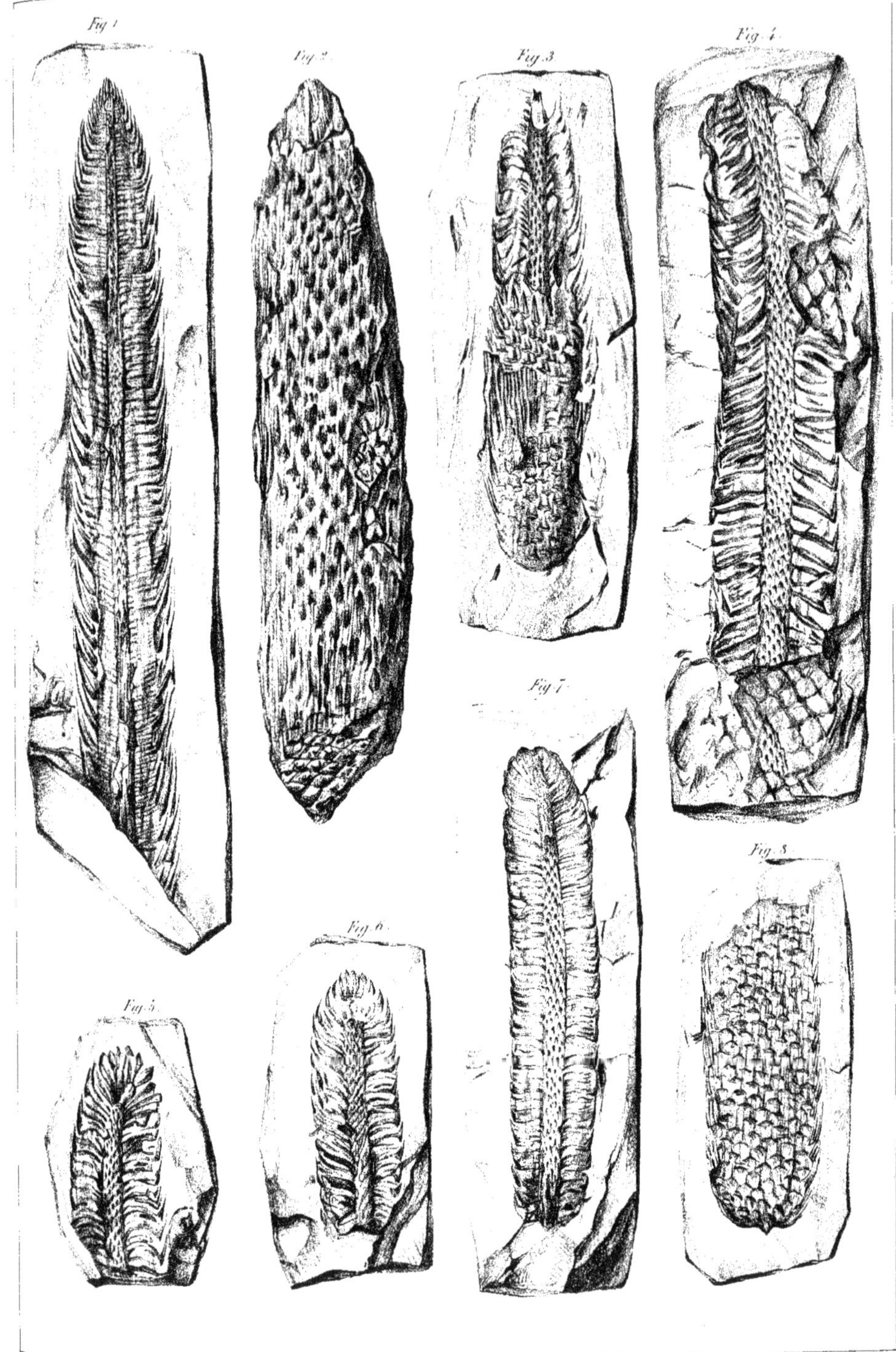

Alfred Riocreux del. Lith. de Thierry frères.

Fructification des Lepidodendron (Lepidostrobus)

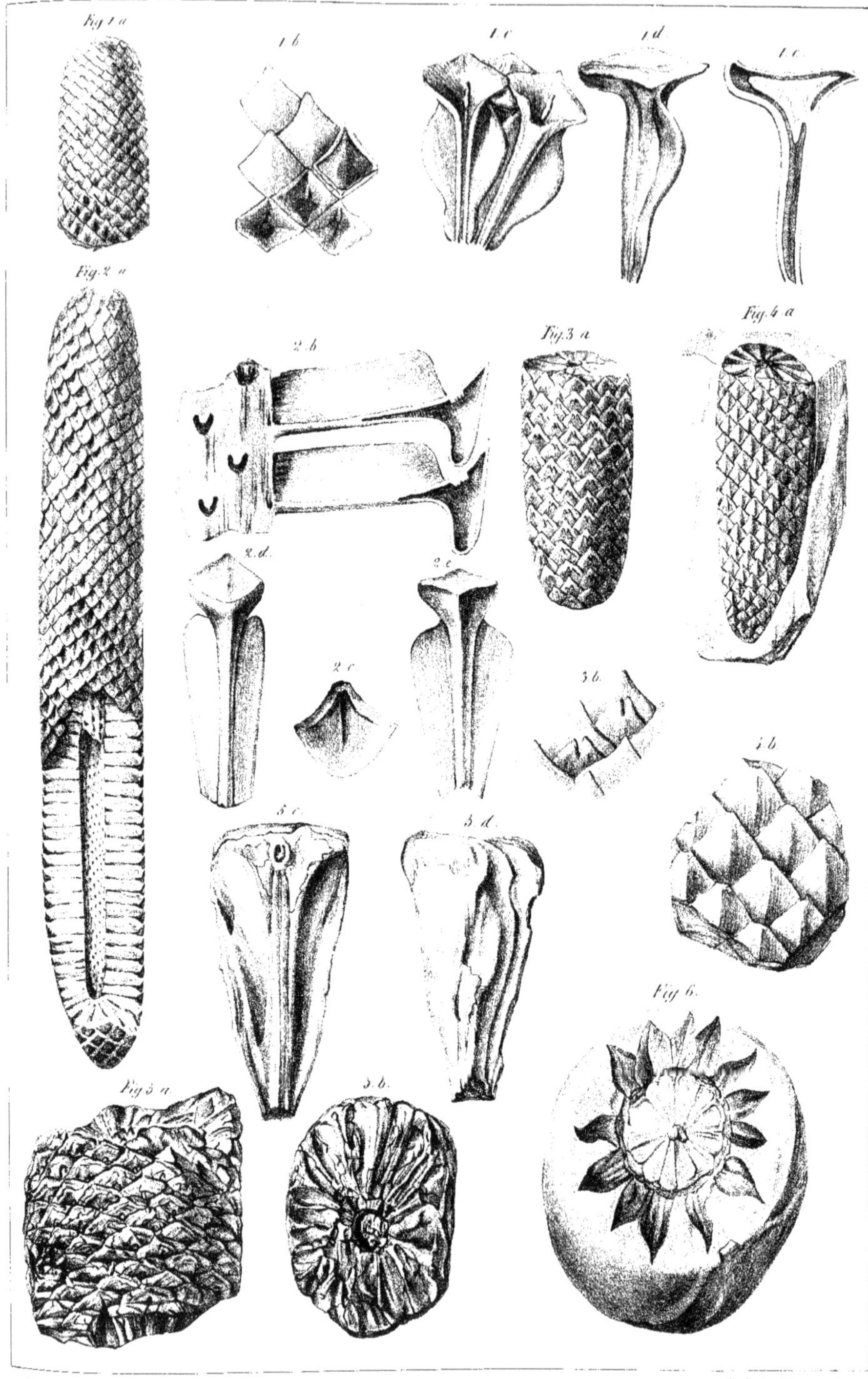

Ad. Brongniart del. Lith. de Thierry Paris

Fructification des Lepidodendron (Lepidostrobus)

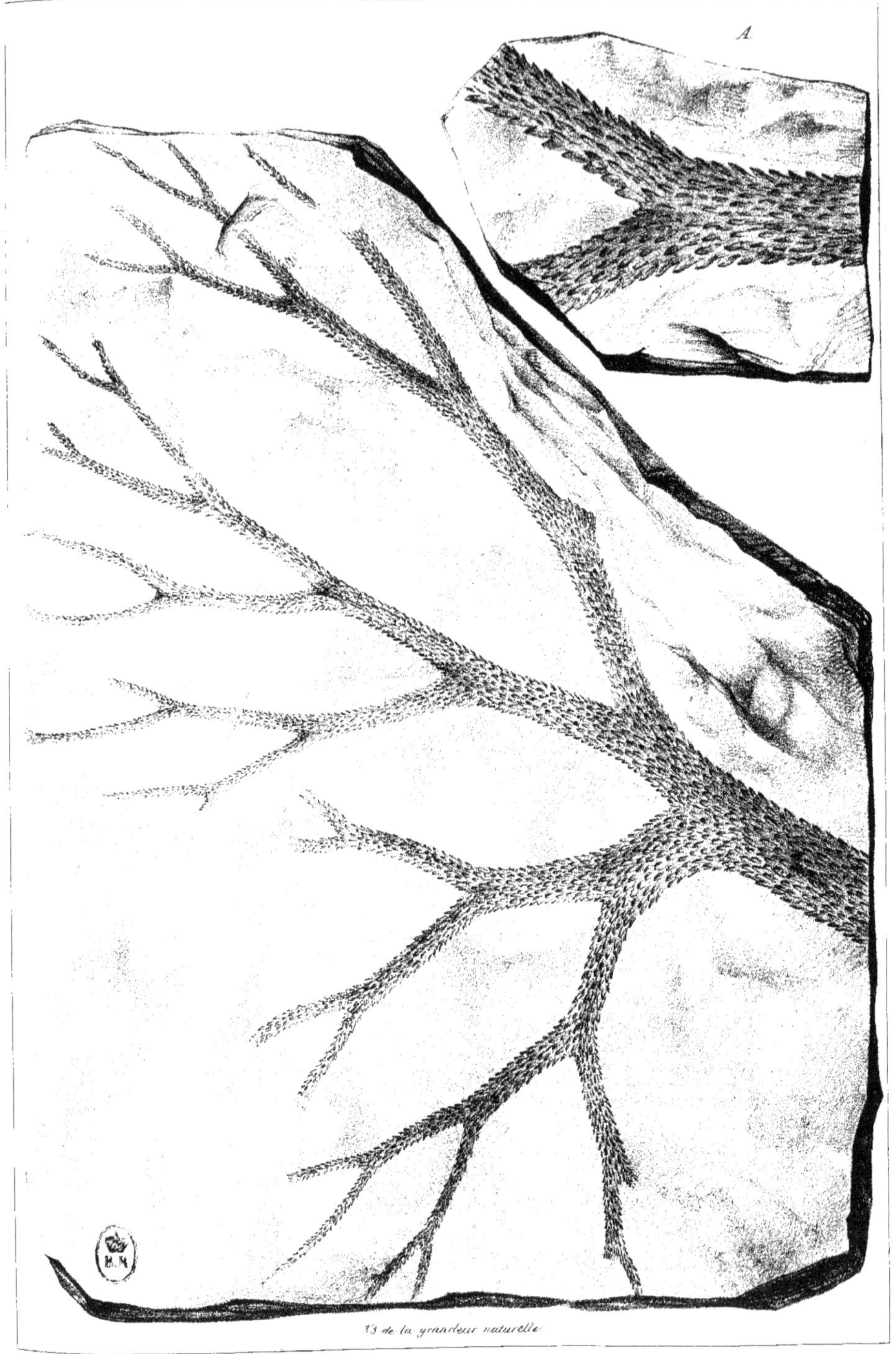

1/3 de la grandeur naturelle.

Ad. Brongniart del.

lith. de Thierry frères.

Selaginites patens

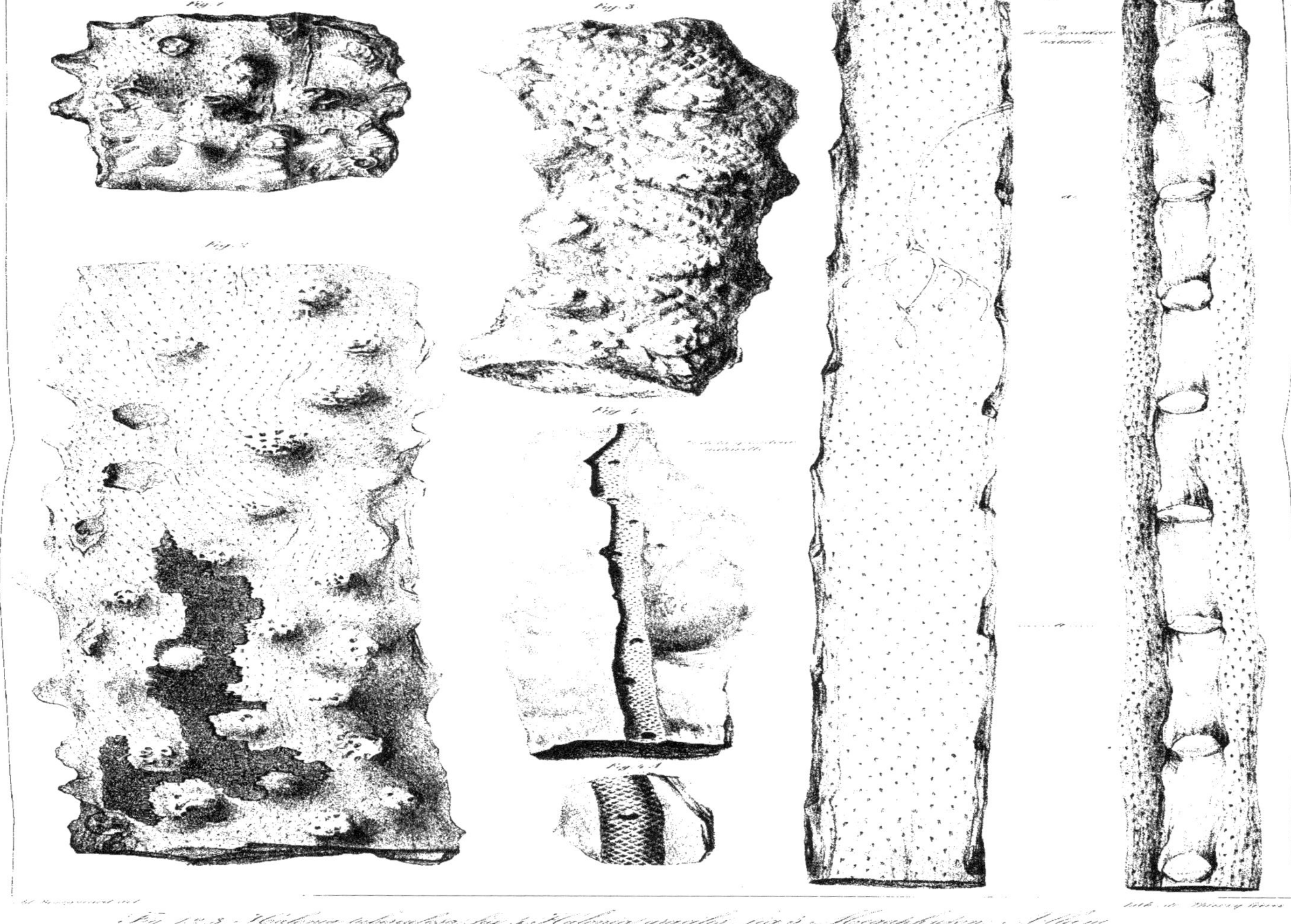

Fig. 1 à 3 Halonia tuberculata. fig. 4. Halonia gracilis. fig. 5. Megaphyton Allani

Fig. 1

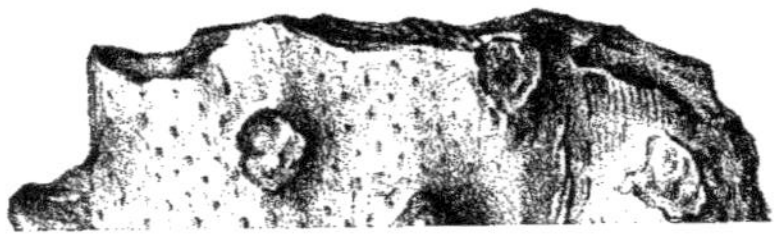

Fig. 3

Fig. 5

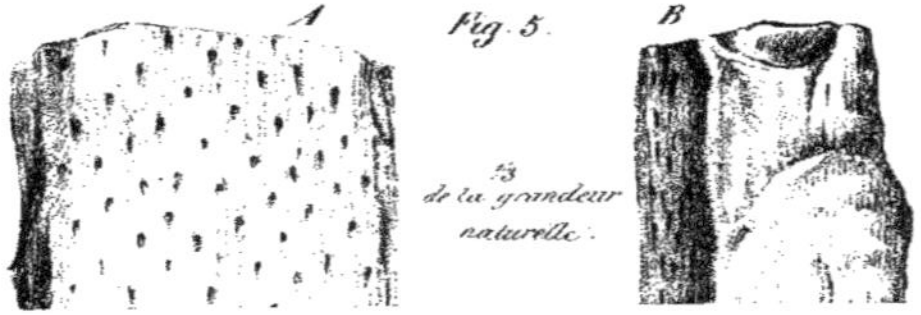

A

B

⅔ de la grandeur naturelle.

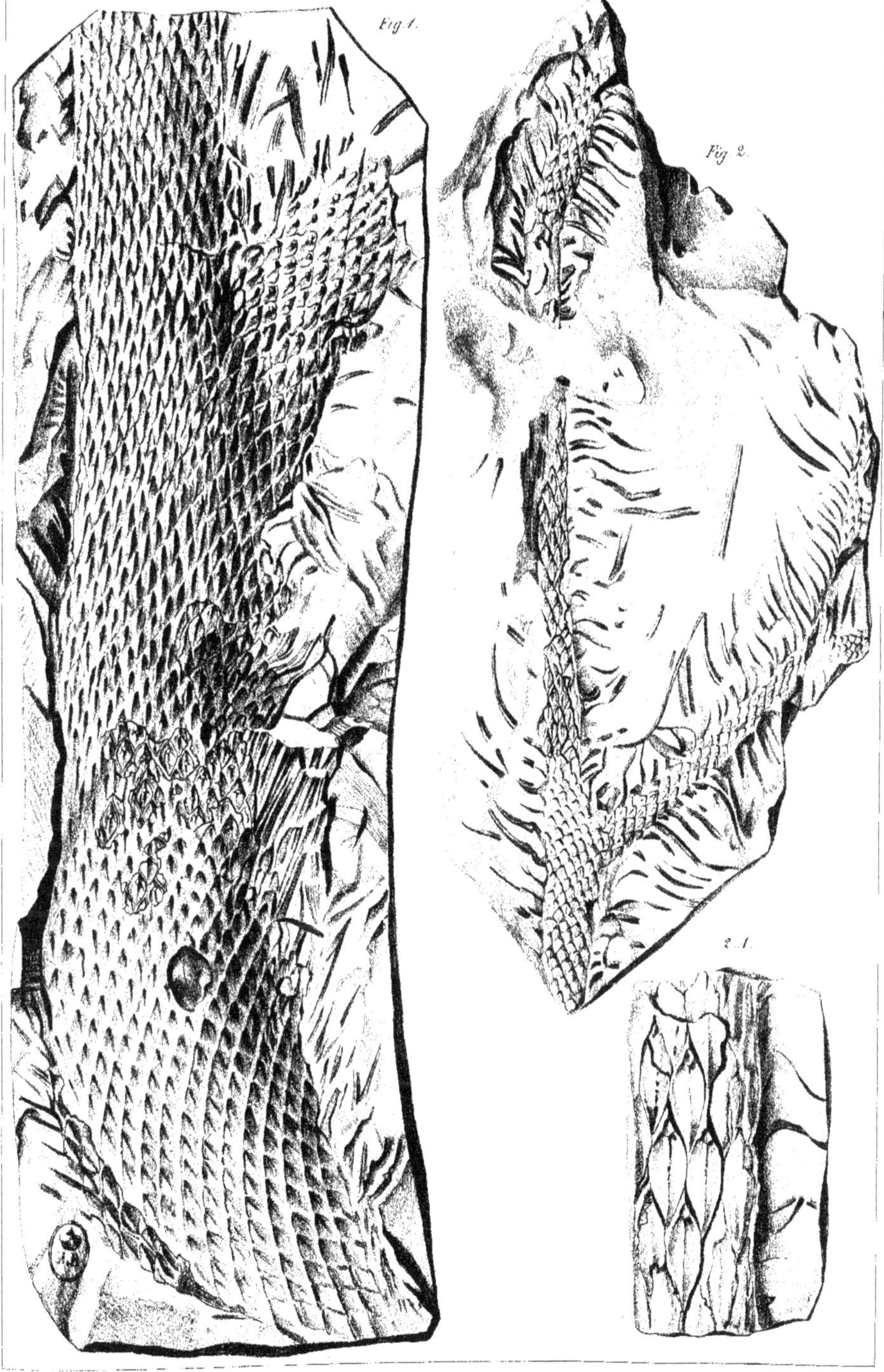

Alf. Riocreux del. Lith. de Thierry frères.

Lepidodendron.

Nouvelles Souscriptions.

HISTOIRE DES VÉGÉTAUX FOSSILES, par M. Ad. BRONGNIART, 2 vol. in-4, grand-raisin, accompagnée de 150 à 180 planches.

Conditions de la souscription.

Cet ouvrage, qui ne surpassera pas deux volumes, paraît par livraisons de six à huit feuilles d'impression, l'une dans l'autre, et d'environ quinze planches lithographiées. Prix de chaque livraison : 13 francs.

La qualité des feuilles de texte, indiquée ci-dessus, sera le terme moyen des diverses livraisons : leur nombre devant beaucoup varier suivant l'étendue du discours aux planches que renfermera chaque livraison.

Les douze premières livraisons formeront un volume : elles se succéderont environ tous les quatre mois, ou à des époques plus rapprochées si l'exécution des planches le permet.

Un prospectus spécial et raisonné de cet ouvrage, format in-4 et in-8 se distribue gratuitement.

CUVIER (G.) Le RÈGNE ANIMAL DISTRIBUÉ D'APRÈS SON ORGANISATION pour servir de base à l'histoire naturelle des animaux, et d'introduction à l'anatomie comparée. Édition accompagnée de planches gravées représentant les types de tous les genres, les caractères distinctifs des divers groupes, et les modifications de structure sur lesquelles repose cette classification, par une réunion d'élèves de Cuvier, MM. **AUDOUIN, DESHAYES, D'ORBIGNY, DUVERNOY, DUGÈS, LAURILLARD, MILNE EDWARDS, ROULIN** ET **VALENCIENNES.**

Cette édition se publie, à compter du 25 mai 1836, par livraisons de deux feuilles de texte environ et quatre planches, sur grand-jésus vélin. On vend séparément les diverses parties dont l'ouvrage se compose et même une seule livraison comme SPÉCIMEN. Cet ouvrage est divisé ainsi qu'il suit :

MAMMIFÈRES (par MM. Laurillard, Milne Edwards et Roulin)	100 planches.	MOLLUSQUES (par M. Deshayes)	120 planches
RACES HUMAINES (par les mêmes)	20	INSECTES (par M. Audouin)	140
OISEAUX (par M. D'Orbigny)	100	ARACHNIDES (par M. Dugès)	30
REPTILES (par M. Duvernoy)	40	CRUSTACÉS (par M. Milne Edwards)	70
POISSONS (par M. Valenciennes)	100	ANNÉLIDES (par le même)	30
		ZOOPHYTES (par le même)	100

LE PRIX DE LA LIVRAISON EST FIXÉ AINSI QU'IL SUIT :

In-8°	**figures noires**	2 f.	25 c.
—	— **papier de Chine**	2	75
—	— **coloriées**	4	50
In-4	— id.	6 f.	

LEÇONS D'ANATOMIE COMPARÉE

PAR GEORGES CUVIER.

Deuxième édition corrigée et augmentée. 8 volumes in-8.

Trois volumes de cette nouvelle édition sont en vente.

Prix de chaque volume 7 f.

Il paraît un volume tous les trois mois.

DESHAYES (G.-P.) Traité élémentaire de Conchyliologie, avec l'application de cette science à la géologie.

Cet ouvrage formera 2 vol. grand in-8, accompagnés d'un atlas d'environ 100 planches et sera publié en 12 livraisons de six feuilles de texte et huit planches chacune.

Prix de la livraison : figures noires. 6 *fr.*
figures coloriées. 15 *fr.*

Imprimé chez PAUL RENOUARD, rue Garancière, n. 5.